1分から
始める!

# 魔法のかたづけ・収納術

日本初の「かたづけ士」
小松 易・著
Komatsu Yasushi

どんな家でも本当にスッキリ



PHP

# はじめに

かたづけ士・小松易です。日本ではじめて「かたづけ士」を名乗り、片づけ指導を始めて４年。２０００人以上のご自宅の片づけと、数十社の企業の環境整備にかかわり、片づけコンサルティングをおこなってきました。

そんな経験から、ひとつだけはっきり言えることがあります。

それは「片づけを始めると、人生が好転する」ということです。

たかが片づけ、と思う人もいるかもしれません。

でも、片づけをすることは、「いまの自分をいったんリセットする」こと。

新たなモノや人との出会いなど、素敵なチャンスを受け入れられるように、自分をちょっと変えることなんです。

片づけコンサルティングを経て、片づけ下手を克服した人は、皆さん本当にイキイキとしています。人間関係がよくなったり、仕事のチャンスがやってきたり。人生の目標が明確になり、夢が実現できたという人もいます。

いまこの本を手にとってくださっている皆さんは、きっと、片づけに苦手意識をもたれているのではないでしょうか。「当たり前のことなのに、どうしてできないんだろう?」と悩んでいる人も多いはずです。

本書では、そんな皆さんのために、「誰にでも必ず片づけられる」ノウハウ、そして「二度と散らかさない」ためのノウハウをとり上げました。

いままでいろんな片づけ本、収納本を読んでもうまくいかなかったという人も、とにかく一度、本書の通りに片づけてみてください。

片づけは、素敵な人生を手にするための、もっとも簡単で身近な方法です。

この本をきっかけに、片づけに取り組んでいただければ光栄です。

かたづけ士　**小松　易**

1分から始める!

# 魔法のかたづけ・収納術

どんな家でも本当にスッキリ

## CONTENTS



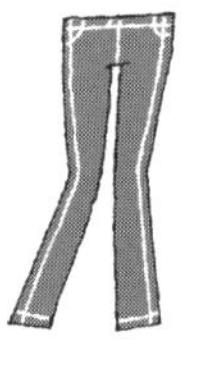

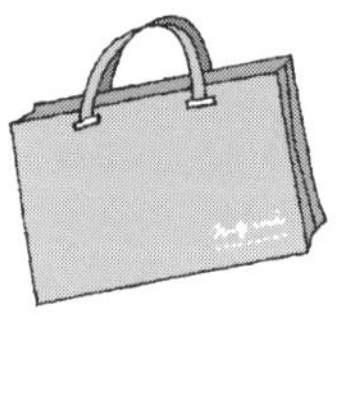

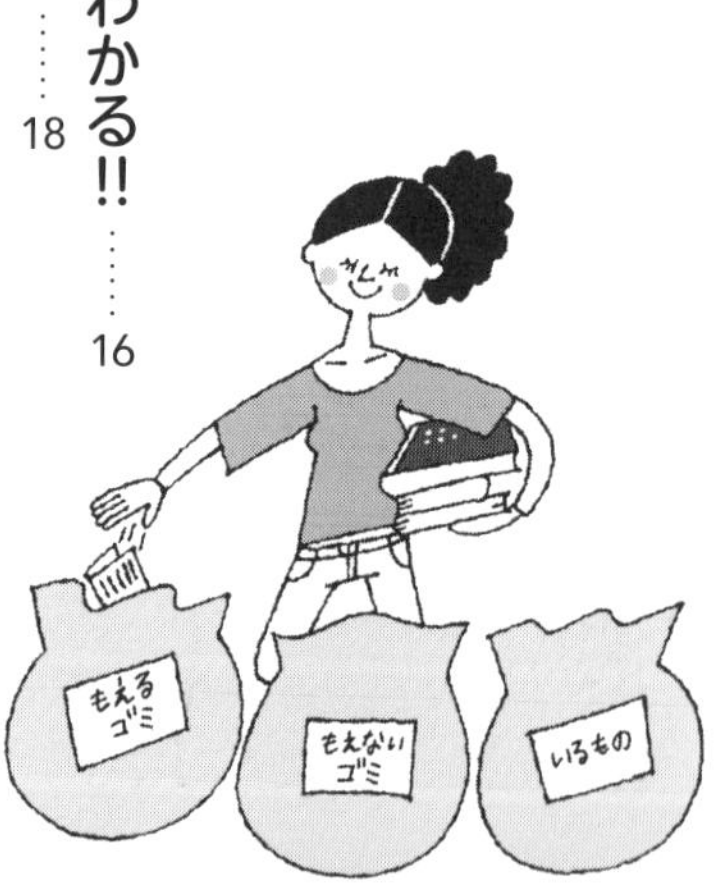

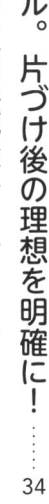

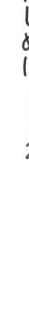

# Part 2 リビング＆ダイニング……53

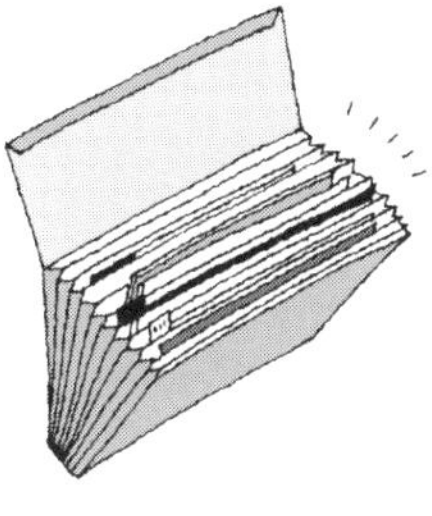

Magazine
File



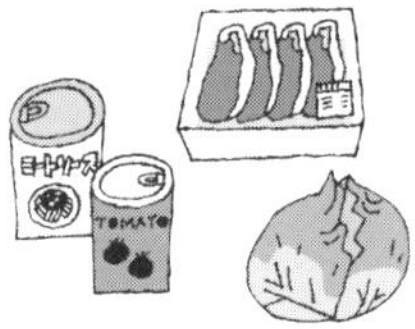
TOMATO

えーい!

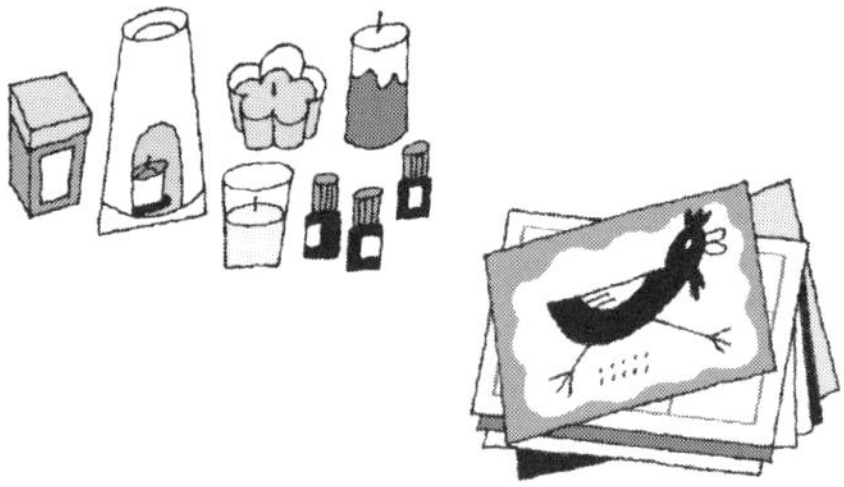



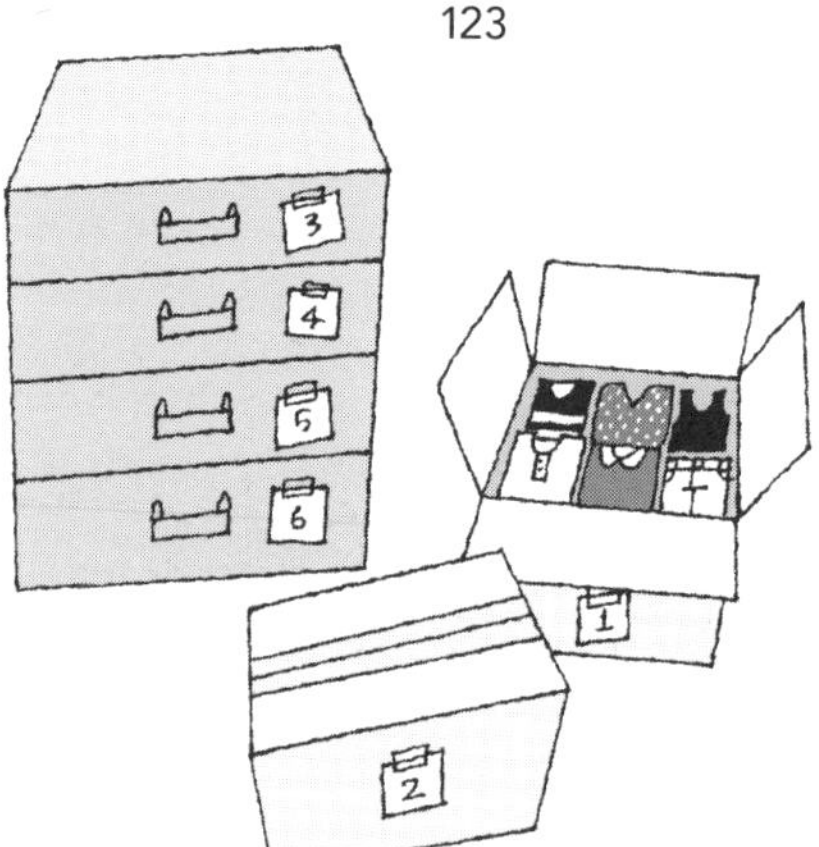

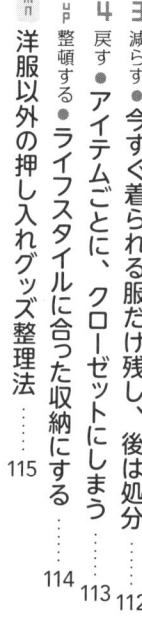

# Part 1

## ぜったい片づけ上手になれる!

# 7つの攻略テク

片づけが苦手だったり、片づけても
すぐ逆戻りしてしまうのには、必ず理由があります。
どんな部屋にもあてはまる7つの攻略テクを身につけて、
今度こそ、片づかない生活にケリをつけましょう!

本屋さんで
趣味・生活
立ち読み中
ほほー
できる女のたしなみ
"朝カフェ"のすすめ
朝の時間をスマートに使う
朝の時間か——
たしかに
うまく使えたら
ええ、朝はカフェで
頭を整理するんです。
チュン
チュン
「できる女」って
感じするよね
それにひきかえ
今は…
行ってきまぁす!
ちこくー!!
どおおおお
パンツ
見えとる
これだもん……

8時半にはお化粧もすんでいるからもっと早く出られるはずなのに……
マスカラOK!
8：35
バサ
バサ
あのスーツがない!!
8：40
みょーん
ストッキングはこっちか!
なんてこと!
8：45
ジャケットにしみが!!
ウエストきつっ!
ガーン
8：55
9：03
まるで戦場。
ヤバイ!行ってきますっ!!
当然帰ってきても部屋は汚いままで……
ただいまー
あー疲れた
ダンナはまだか…
とりあえずテレビ、と。
ポチッ
家事なんてやる気ゼロ!
ダンナ用コンビニ弁当

それに
散らかってるのは
洋服だけじゃないの
ダイニングテーブルも
洗面所も
何をするにも
テーブルのモノをよけたり
探してからじゃないと
無理！
でも
ちゃんと片づける
時間が
ないんだよね…
だって料理も
掃除も
洗濯も
あるもん
ずいっ
本当にないですか？
5分もない？
わっ
だれですか!?
あ、どうも
かたづけ士
小松易
かたづけ士の
小松です
片づけ上手に
なるための
アドバイスを
しています
そりゃあ
5分くらいは
ありますけど…
大丈夫！
5分あれば
絶対片づきます
5分で
片づく部屋に
見えます？
絶対に！
ノー。
プロブレム!!

まず、洋服が散らかってしまう原因ですが
衣類置き場が1カ所にない
とり込んですらない
クローゼット
タンス
ソファにおきっぱなし
これでは服をスムーズに選べません
洗濯物をたたむのが面倒で…
ヨタ
ヨタ
じゃあ動線を見直しましょう
とり込んだらすぐクローゼットの前に持って行くんです
まっしぐら!!
それから——気に入っていない服サイズの合わない服があるのも問題です
ノリで買った旅行のおみやげ
今では入らない超スキニー
今のお気に入りや今の体型に合う服だけを
好き
好き
好き
好き
好き
わあ好きな服ばっかり
ズラーリ
クローゼットに並べてください

じゃあ
この服は
捨てちゃうん
ですか？
でも
でも…
しょんぼり
結局
着ていないなら
なくても
同じではないですか？
これとか。
ハイ…。
大切なのは
今使うものが
すぐに出せること
どこに何があるか
わからない
ようでは
モノとして
死んだ状態です
ごちゃ
ごちゃ
必要なものと
不要なものを
見つめ直して
モノが
本当にいきる
環境にしましょう！
いきかえったよ！
ありがとう！！
必要なモノたち
でも私…
先生…
ぼうしとったら…？

たまにがんばって片づけしてるんですが――
手伝おうか？
ダンナ
3日後…
あららららら…
なぜかすぐに散らかっちゃうんです…
ウンウン
散らかるのは無意識の行動が原因なんですよ
郵便物をなんとなくテーブルに置いたり
バサッ
バッグやコートをとりあえずソファに置いたり
バサッ
1つ1つの習慣さえ見直せば、1日5分の片づけで十分！
5分――
マジで？
先生！そのやりかた教えてください！
やりましょう！時間が何倍にも増えますよ！

1

# 片づけタイプチェックで、片づけ下手の原因がわかる!!

## 自分に合った片づけかたを見つけよう

### いつまでも片づかない理由は何？

私のもとには、年齢・性別を問わずさまざまな人から、片づけにまつわる悩みが寄せられます。

本の整理に頭を抱えている人や、書類の整理が苦手な人。洋服や小物、ショップの袋にいたるまで、「もったいないから」といって捨てられない人。人によって、困っていることも違えば、生活習慣も違います。部屋の間取り、収納スペースの広さもさまざまです。

しかし2000人以上の相談を受けるなかで気がついたのが、片づけ下手な人の傾向は、3タイプに大別されるということです。

1つ目は、片づけなきゃと思っているのに、なかなか始められないタイプ。2つ目は、途中で挫折しがちなタイプ。3つ目は、片づけられても、それを維持できないタイプです。

### 自分に合ったやりかたならもう失敗しない！

自分がどのタイプかがわかれば、今までうまくいかなかった理由がクリアになります。「今度こそ片づけ上手になりたい！」と思うなら、まずは左ページのチェックリストで、自分のタイプを知ることから始めましょう！

タイプがわかったら、P18からのタイプ別アドバイスをチェック。どこが弱点で、どうすれば失敗しなくなるか、根本的な解決策を確認しておきましょう。

# 片づけタイプ CHECK LIST

「今度こそ片づけ上手になりたい!」と思うなら、まずは弱点を知ることから。
下記の質問を読んで、該当するものにチェックをつけてみましょう。

## A

- [ ] 「やらなきゃ!」と思いながら、3ヵ月以上片づけをしていない。
- [ ] 飲みかけのペットボトルが、よくテーブルに置いてある。
- [ ] 友人を部屋に呼ぶ機会がない。
- [ ] 平日は忙しくて、とても片づける時間がない。
- [ ] テレビやエアコンのリモコンを、見つけられないことがある。

## B

- [ ] 片づけや収納に関する本を、5冊以上持っている。
- [ ] 片づけ中につい、本やアルバムを読みふけってしまう。
- [ ] どうせ片づけや掃除をするなら、徹底的にやりたいほうだ。
- [ ] 片づけ始めても、途中でいやになってしまうことが多い。
- [ ] 片づけをする曜日や時間は決まっていない。

## C

- [ ] どこに片づけたかを忘れて、探しものをすることが多い。
- [ ] 片づけをしたはずが、数時間後には散らかっていることがある。
- [ ] 脱いだ服を、ソファやベッドに置きっぱなしにしがちだ。
- [ ] 外出直前に携帯電話が見つからず、あわてて探したことがある。
- [ ] 一度片づけ始めたら、首尾よく片づけられる自信がある。

**A～C のうち、いちばん多くチェックがついたものが、あなたの片づけタイプ!**

A がいちばん多い人 → 「前《ぜん》」タイプ (P18へ)

B がいちばん多い人 → 「中《ちゅう》」タイプ (P20へ)

C がいちばん多い人 → 「後《ご》」タイプ (P22へ)

＊チェック数が同じ場合は、「とくにこの1ヵ月間でどうだったか」を考えてみましょう。どちらにもあてはまる場合は、両方のページを参照してください。

今はムリ!
そのうちまとめて
やるつもり

## 片づけタイプ別・うまくいかない理由はこれだ!

# A「前」タイプ

### ダイエットも片づけも「わかってるけど面倒!」

片づけ下手の人にもっとも多い、「片づけ前」につまずくタイプです。散らかった部屋を見てうんざりするものの、つい「今は忙しいから週末に」などと先送り。結局いつまでも手をつけられず、部屋は汚いまま……というパターンに陥ってしまいます。

ダイエットにたとえると、よりわかりやすいかもしれませんね。やせたい気持ちはあるのに、「そのうちダイエットするから」といって、生活を変えられないのと同じです。

「片づけは面倒」というイメージや、「自分は整理整頓が下手」という苦手意識がつよいことが特徴です。

### まずは1回15分だけ。最初のハードルを低くする

苦手意識を克服するには、片づけのハードルを下げるのがいちばん。まとめてやろうとすると、「片づけは大変」というイメージがつよまるばかりで、逆効果です。毎日の習慣として身につけることが大切なので、一気に片づけるのは避けましょう。

まずは1回15分だけと決めて、片づけをしてみてください。15分以内に終わるような、せまい範囲に区切っておこなうのがポイントです。

また、短時間の片づけであっても、スケジュール表に記入しておくことが大切。友人との待ち合わせや、仕事の打ち合わせと同様に扱い、確実に実行する状況をつくりましょう。

## 弱点はこうして克服!

### point 1 15分以上は片づけない

細分化しておこなうのがポイント
(→P30)。たとえばテーブル上がぐちゃぐちゃな場合は、右半分、左半分で区切っておこなうと、短時間で確実に成功しやすくなる。

### point 2 手帳やカレンダーに予定を書く

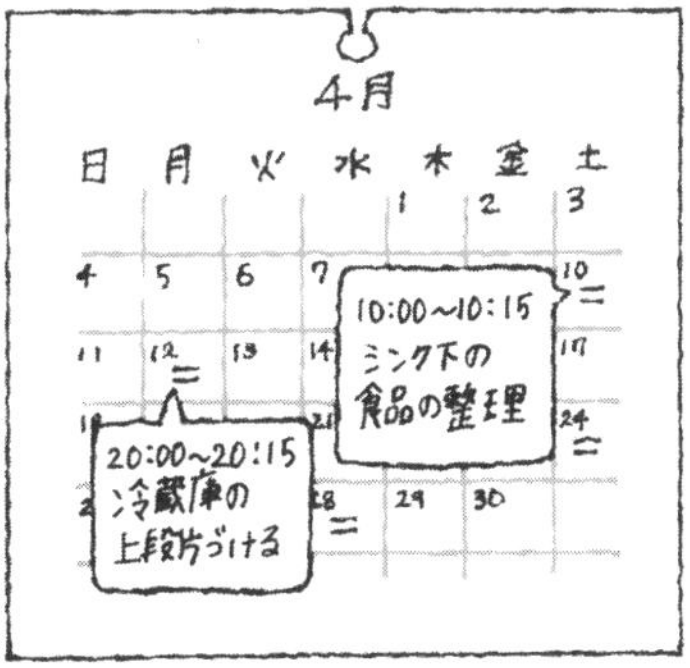


なんとなく後まわしにしがちな状況を変えるには、人との約束や仕事と同様に予定を記入しておくといい。家族に「明日は夜8時から片づけるから」と宣言するのもおすすめ。

### point 3 自宅でイベントを開く

自宅でのイベントを企画すると、「永遠に後まわし」状態を打破できる。鍋パーティやバーベキューなど、ちょっとした会でいいので、部屋を人に見せる機会をつくろう。

やる気はあるのに途中で挫折

## 片づけタイプ別・うまくいかない理由はこれだ！

# B「中」タイプ

### マンガにアルバム、電話。片づけ中の誘惑がいっぱい！

「中《ちゅう》」タイプのあなたは、「片づけ中につまずく」タイプです。

本棚の整理をしていたはずなのに、つい本やマンガを読みふけっていたり、片づけ中に電話が鳴って、そのまま中断してしまったり。誘惑に弱いのが最大の特徴でしょう。

また、どんなふうに片づけたらよいか、やりかたで迷いがちなのも、このタイプの特徴です。

「今度こそ！」という気持ちで、片づけ・収納本を買い続け、しまいには片づけの本が部屋中にあふれかえっている……という人も。ダイエット本を多く持っている人も、このタイプと考えていいでしょう。

### 「整頓→整理」から「整理→整頓」の流れに

中タイプの人の失敗原因の1つが、整理・整頓の手順の問題です。

整理とは、モノを減らしてすっきりさせること。整頓は、使い勝手のよいようにモノを配置することです。

そのため手順としては、整理の後に整頓するのが正解なのですが、これを逆にしてしまう人が少なくありません。モノを減らさないまま、モノの置き場を変えて、キレイにしようとするわけです。

これでは何度片づけをしても、単なるモノの移動に終始し、本当の意味での片づけは終わりません。まずはモノを減らすことが先決、と覚えておきましょう。

## 弱点はこうして克服！

### point 1
### 整頓はすべて後まわし！

整理・整頓の混乱を防ぐには、最初に整理だけを徹底しておこなうこと。整理の段階では、見栄えは気にせず、モノの減量を徹底しよう。モノが少なくなれば、使い勝手よくキレイに並べる「整頓」もスムーズにできる。

### point 2
### 捨てる基準を明確に

どうしてもモノが捨てられない人は、アイテムごとの基準を決めておこう。たとえば洋服なら、やせないと着られないもの、過去2シーズンで着なかったものは、今後も着ない可能性が高いので、処分の対象に。

いくら片づけても
すぐ元通り

## 片づけタイプ別・うまくいかない理由はこれだ！

# C「後」タイプ

### 片づけしているのに すぐ散らかるのはなぜ？

片づけできないわけではないのに、気づくとなぜか散らかっている、「片づけ後につまづく」タイプです。

「何もしていないのに、どうしてすぐ散らかっちゃうんだろう？」と、自分でも不思議に感じている人が多いのではないでしょうか。

自宅以外でもこの傾向があり、職場の机も、朝はキレイだったのに、夕方には書類が積み上がっている……という状況になりがちです。

このタイプの人は、自分の行動のクセを知ることが大切。「どうして気づくと散らかっているのか」さえクリアになれば、片づけ下手の克服はむずかしいことではありません。

### 帰宅後にまず置くものは？ 無意識の行動をチェック！

部屋を散らかす行動は、ほとんどの場合、無意識のものです。なんとなく何かを置いたら、そのまわりに少しずつモノが増えていき、散らかってくるのが普通。

これを防ぐには、「最初の無意識の行動」に注目してみましょう。

帰宅後、テーブルや床に最初に置いたものは何でしょう？　DMやチラシ？　それとも、カバンや携帯？

最初に置いたものは、部屋が散らかり始めるファーストサインです。自分のサインが何かわかったら、「それを置かない習慣」を意識してつくることで、片づいた部屋を維持できるようになるはずです。

## 弱点はこうして克服！

### point 1
### 毎日の行動のクセを知る

郵便受けから出したものを「なんとなく」テーブルに置いたり、持っていたバッグを「とりあえず」ソファに置いたり。自分の行動を意識して、散らかりのサインに気づくことから始めよう！

例
バッグを
なんとなく
ソファに置く

例
DM、郵便物は
リビングに
持ち込まない

### point 2
### 新しいルールを決める

無意識の行動に気づいたら、それを意識して変えていく。たとえば玄関脇にゴミ箱を設置し、郵便物は玄関で開封してしまう、バッグ置き場を決めてそこにバッグを置くなど、新しいルールをつくる。

2

# 出す、わける、減らす、戻す。基本はたったの4Step

## 正しい方法がわかれば、もう失敗しない！

### モノを間引く片づけは挫折のもと

私のおすすめする片づけは、「片づけなくていい部屋づくり」を目標にしています。

なんだか逆説的ですが、これは本当の話。散らかった部屋をいったんリセットして、二度と散らからないしくみをつくることが目標です。つまり、今までの状態に「片をつける」片づけです。

反対に、片づけ下手な人の片づけは、リセットしない片づけです。

目についたものを1つずつ手にとり、しまうか捨てる。あるいは、新しい棚や箱を買って収納する……。

これは、効率のいい方法ではありません。時間がかかるし、何よりモノが減らないからです。単にモノを移動させているだけ、ともいえます。

### モノをすべて出すことで状況をクリアにする

そこで私がおすすめしているのが、4ステップの片づけ法です。

出す、わける、減らす、戻す。たった4ステップで、どんなに散らかった部屋も確実にリセットできます。

基本の片づけかたをマスターするために、まずはこの4ステップを、財布で実践してみましょう。

財布は、部屋の縮図です。部屋が散らかっている人はたいてい、不要なカードやレシート類で財布がパンパンになっているものです。

さっそく左ページを参考に、財布をすっきり片づけてみてください。

## まずは財布で実践!
# 4stepの効果を知る

### step 1 出す

財布に入っているものを、何も考えずに、一度すべて出す。レシートやクーポンも、残さずに。

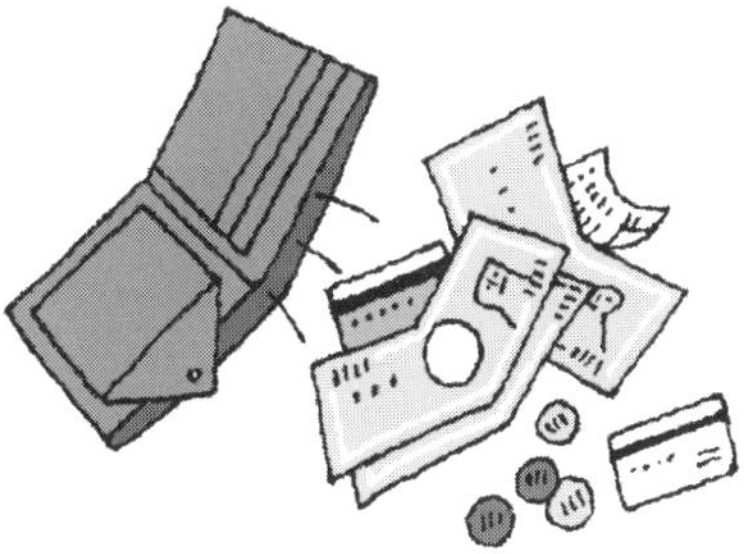

### step 2 わける

お金、カード、ポイントカード、レシートなど、種類別にまとめる。大まかな分類でOK。

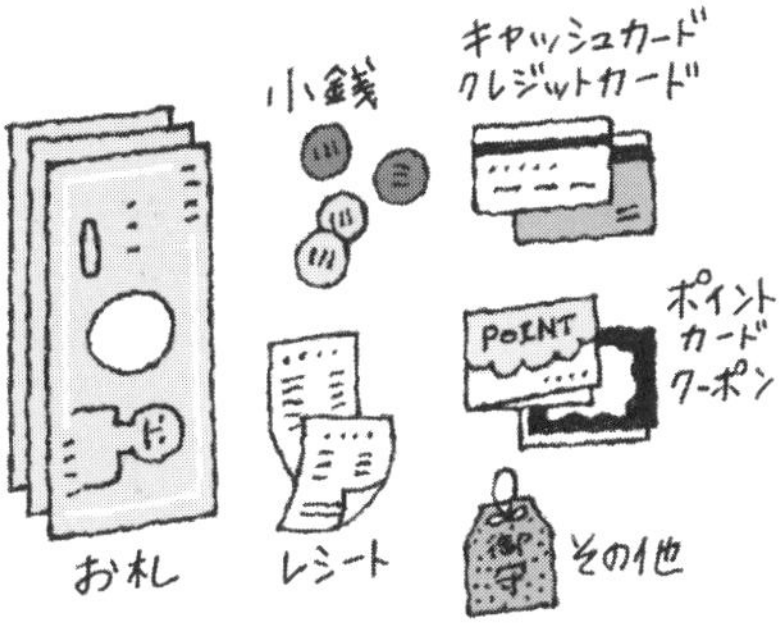


### step 3 減らす

たまにしか使わないポイントカードや、不要なレシート類を、すべて捨てる。

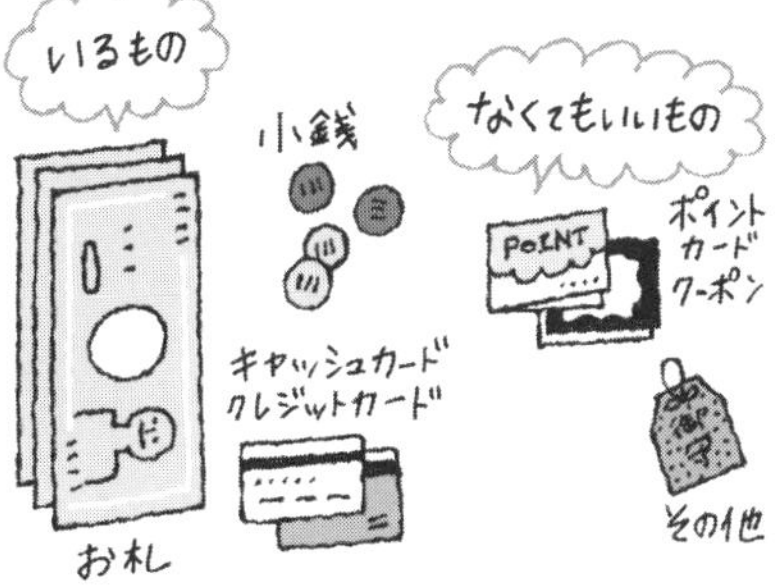


### step 4 戻す

お金やカードなど、確実に必要なものだけ戻す。これだけで、厚みが半分以下になるはず!

## とにかく全部出して、状況をリセット

# step 1「出す」

### モノを全部出せば片づけがサクサク進む

まず片づけたい場所を決めたら、そこにあるものをすべて出し、1ヵ所に集めます。

これが、ステップ1「出す」。

目の前にすべて並べることで、自分がどれだけのモノを持っているかがひと目でわかります。

なんとなく持っているだけで、使っていないものも、たくさん出てくるでしょう。持っていることを忘れて新たに買ってしまった結果、同じものが何個も出てくる、ということもあるかもしれません。

片づけを効率よく進めるだけでなく、ムダな買いものをなくす意味でも、このプロセスは役立ちます。

### ● 1スペース分だけ出す

たくさんのモノが収納された棚などは、すべて出すと混乱のもと。スペースを区切り、1ヵ所分だけ出そう。

### 1軍、2軍でわけると減らしやすい!

# step 2 「わける」

## 今の価値観、使用頻度を基準にわける

今度は、出したものを2つの山にわけていきます。

「よく使う/ほとんど使っていない」など、使用頻度でわけるのが、もっともシンプルで確実なやりかたです。

ここで大切なのが、「使えるかどうか」の可能性ではなく、実際の使用頻度を基準に考えること。「いつか使える」と考えてしまうと、どうしてもモノが減らせなくなるからです。

CDや本、雑貨などの趣味アイテムなら、お気に入り度でわける方法もおすすめ。

過去の価値観ではなく、今のあなたの価値観を基準に、「本当に気に入っているか」を考えてみましょう。

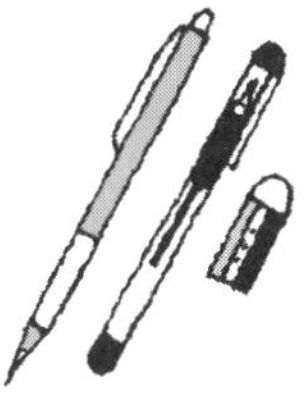

わける基準例❶

### 頻度

**1軍** 毎日のように使っているもの

例：3色ボールペン、シャープペンシル、消しゴム、マーカー、修正テープ

**2軍** 過去1ヵ月、使っていないもの

例：粗品の単色ボールペン、インクの切れかけたペンやマーカー、鉛筆、修正液、大量のクリップ

わける基準例❷

### お気に入り度

**1軍** 最近ハマっているもの

例：今お気に入りのCD、本、写真集で、過去1ヵ月で見たり聴いたりしたもの

**2軍** かつてハマっていたもの

例：昔好きだったミュージシャンのCD、ほとんど見返していない写真集、過去の趣味グッズ

今不要なものは
どんどん処分!!

# step 3「減らす」

## 減量なしの片づけは不毛。勇気を持ってモノを減らす

使用頻度やお気に入り度でモノをわけたら、次は減量です。今使っていないもの、お気に入り度の低いものを、思いきって処分しましょう。

何でも「もったいない」といって処分できない人もいますが、処分なしの片づけはありえません。部屋の広さにも収納スペースにも限りがありますし、今後もモノは増え続けるからです。

それに、しまってあるだけで使っていない状態では、持っていないのと同じこと。モノの価値がいかされているとは、とてもいえませんね。

今の状態に片をつけ、すっきり快適な生活を手に入れるために、勇気を持って減量しましょう！

### ● 減量には3つの方法がある

**1 捨てる**

もっとも単純だけれど、即効性の高い方法。今すぐ部屋をリセットしたい人、モノを大量にため込んでいる人は、捨てることを前提に考えて。

即効性 ★★★★★
満足度 ★
エコ度 ★

**2 ゆずる**

友人・知人にゆずり、部屋の外に出す方法。本やCD、趣味グッズなどは、趣味が同じ人にあげると喜ばれ、モノをムダにせずにすむ。

即効性 ★
満足度 ★★★★★
エコ度 ★★★★★

**3 売る**

市場価値のあるものなら、ネットオークションなどに売りに出すのも手。フリーマーケットだと、すべて処分できるとは限らないので注意。

即効性 ★★★
満足度 ★★★
エコ度 ★★★★★

「あった場所にそのまま」がルール

# step 4 「戻す」

## 整頓は後にして とりあえず戻す

ステップ3でモノを減らしたら、後は残った分だけを、元の場所に戻します。モノの総量が減っていないと、戻しても意味がないので、しっかり減量してから戻しましょう！

棚やひき出しなどの収納スペースの場合、減量後にモノを戻すと、空きスペースができます。するとつい「ここには何を入れようかな？」と考えてしまいがちですが、これはNG。空いたスペースは、今後増えていくもののために空けておきましょう。

また、使い勝手や美しさを考えながら戻していると、なかなか前に進みません。ここでは何も考えず、元の場所にそのまま戻しましょう。

## ● 見た目は考えずそのまま戻そう

減量後のモノをそのまま戻すと、右のようになる。見た目は中途半端だが、これでOK！ 整頓は、部屋全体を片づけてから。

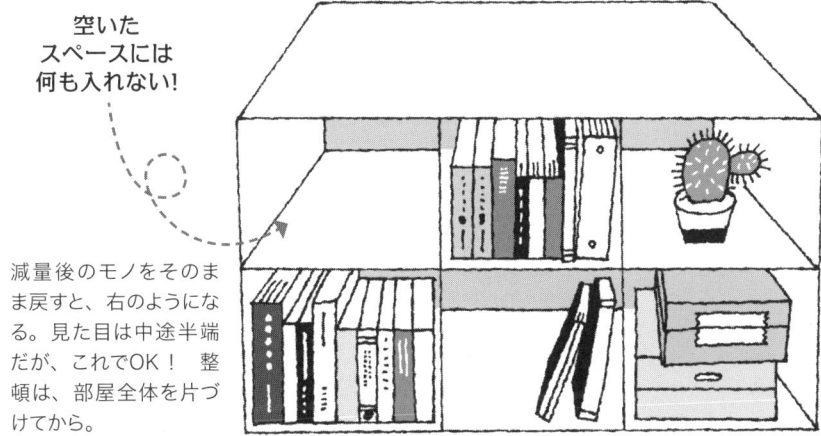

# 3

# 1セット15分!
# 時間もスペースも細分化

## 一気に進めようとすると、必ず挫折する

### 「週末にまとめて」の悪循環を断ち切る

モノを出しっぱなしにした状態を何日、何週間も放置し、後でまとめて片づけようとすると、たいてい失敗します。これは、片づけ下手な人の多くに共通する傾向です。

一度にまとめればまとめるほど、作業量は膨大になり、手に負えなくなります。すると、片づけぎらいに拍車がかかることに……。散らかった状態では掃除もできないので、部屋はますます汚れていくでしょう。

そんな悪循環を防ぐには、ごく短い時間で、限られた場所だけを片づけることです。どんなに散らかった部屋でも、少しずつ進めたほうが、確実に成果が出ます。

時間としては、1回15分がめやす。「15分で片づくような状況じゃない!」という人もいるでしょうが、15分で片づくくらいに範囲を区切って、片づけてみてください。

### 片づけの途中でも、タイマーが鳴ったら終了!

1回15分と決めたら、キッチンタイマーや携帯のタイマーをセットして、片づけを始めます。

この時間内に、出す、わける、減らす、戻すの4ステップをおこないます。だらだらやり続けると、途中でいやになりかねないので、タイマーが鳴ったら終了しましょう。

一度タイマーをセットしてやってみると、15分で片づく範囲がどの程度なのか、わかるようになります。

## 片づかない人必見!
## よくある失敗パターン

「まずクローゼットを片づけて、収納スペースをつくろう!」

「アイテムで分類して、キレイに並べるぞ」

3時間後……

「部屋中モノだらけで、もう手に負えない!!」

気合いを入れて、モノが押し込まれたクローゼットに着手したものの……片づける前より散らかった状態に。膨大な範囲を一度に片づけようとすると、たいてい失敗する。

## 平日は忙しい？ でも15分ならできるはず

### 平日の片づけは、帰宅後すぐがベスト

週末などにまとめて片づけたくなる理由は、「平日は忙しくて時間がない」からでしょう。実際、仕事や家事に追われ、時間に余裕のない人が多いと思います。

でも、1日たったの15分でいいなら、つくれない時間ではないはず。毎日15分ずつ片づけていれば、どんな部屋でも必ずキレイになります。

問題は、どの時間に片づけるかですね。朝の早起きはつらいし、夕食後はくつろぎたいし……というのが、正直なところではないでしょうか？

そこで私は、帰宅後すぐの時間に片づけることをおすすめしています。「疲れているのに？」と思われるかもしれませんが、一度ソファに座ってくつろぐと、立ち上がるのも面倒な気分になりがち。仕事を終えて帰宅した後なら、体はまだ活動モードのはずです。腰を落ちつける前に、ささっと片づけてしまいましょう。

### 2セット以上必要な場所は週末に予定を入れる

モノがあふれかえっていて、1日15分では終わらないような場所は、週末におこないます。15分×2セットくらいをめやすにしましょう。

勢いがつき、「このまま部屋中を片づけられそう！」という気分になることもありますが、やりすぎは禁物。2時間も3時間も片づけてしまうと、疲労感が後に残り、翌日以降の片づけが億劫になるからです。

## 平日の15分、土日の30分で効率よく

### 月〜金曜の例

テーブルの上など、よく使う場所、目につく場所から片づけると、達成感が得られやすいのでおすすめ。テーブル周辺にモノがたくさんあり、15分で終わらないようなら、❶〜❸のように細分化して、3日にわけて片づけるといい。

❶ テーブルの上、右半分
❷ テーブルの上、左半分
❸ テーブル横のBOX

### 土・日曜の例

クローゼットや押し入れ、棚などは、モノが押し込まれている場合が多く、時間のかかる場所。時間に余裕のある週末に片づけよう。一度にすべて片づけようとせず、右のようにこまかく区切って、何日かにわけて片づけよう。

❶❼ 収納ケースとその上の服
❷❸ たんす
❹ 書類と本の山
❺ 使っていない健康器具、小物
❻ 布団、毛布、ブランケット

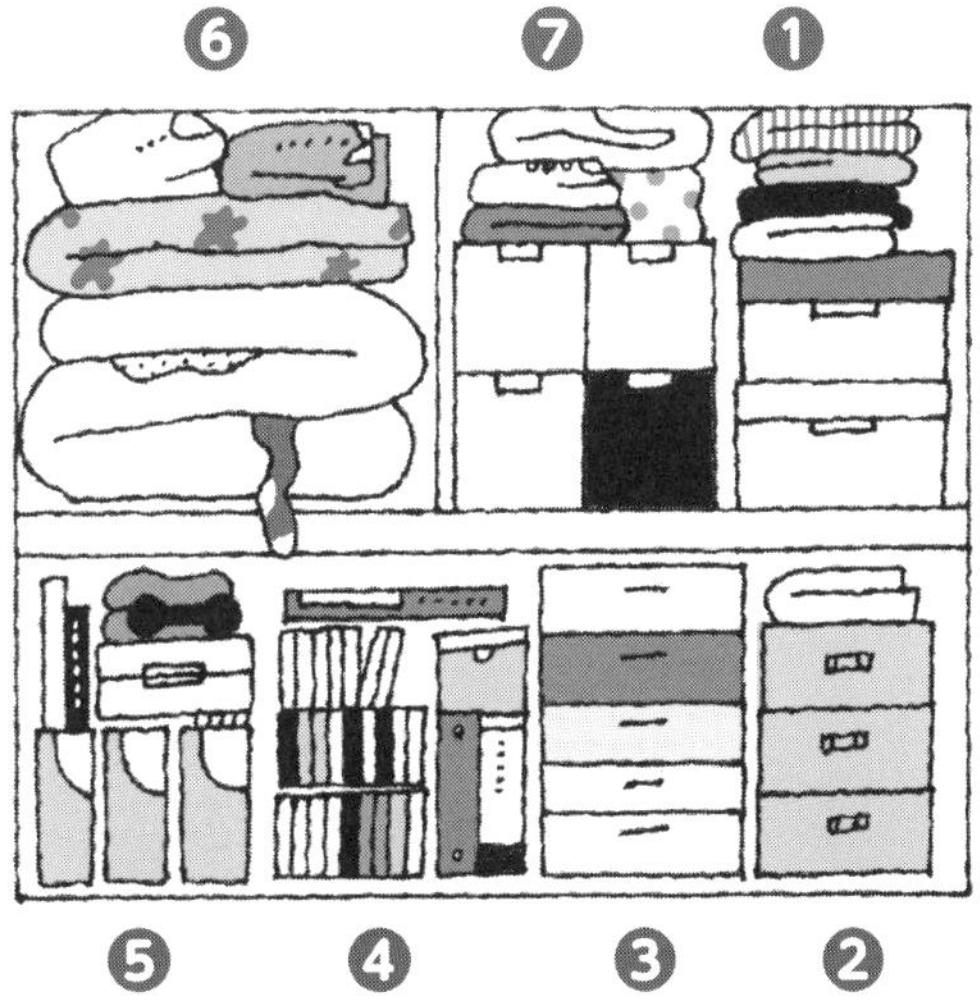

4

# 大きなゴールと小さなゴール。片づけ後の理想を明確に!

## 楽しい未来が見えれば、片づけはつらくない

### 片づいた部屋でどう過ごしたい?

人の行動は、21日間で習慣化するといわれています。片づけも同じ。帰宅後の片づけも、出したものをすぐにしまうことも、毎日続けるうちに、苦にならなくなってきます。

とはいえ、慣れるまでのあいだは、「やっぱり面倒……」と感じることもあるかもしれません。

そこで大切なのが、片づいた部屋でどんなふうに過ごすかという、大きなゴールイメージを思い浮かべることです。

部屋をキレイにすることは、ゴールではなくプロセス。その部屋で何をするかが、最終的なゴールです。

「家族で団欒《だんらん》できるリビングにする」「広々とした寝室で、ヨガやストレッチをする」など、どんなゴールでもかまいません。キレイになった部屋と、そこで過ごす時間をはっきりイメージしておきましょう。

### 絵や雑誌の写真を貼るとモチベーションが上がる

ゴールイメージを絵にして貼ると、より効果的です。インテリア雑誌などの切り抜きでもいいでしょう。

雑誌で見るような素敵な部屋は、モノが少なく、すっきりしています。こうした写真を貼って目標にすると、モノを減らすときにも、迷いにくくなります。現状の広さや家具とあまりかけ離れたものではなく、がんばれば達成できるような写真を選ぶと、成功しやすいでしょう。

## 未来が開ける！　大きなゴールの例

**point**
**モノを
しまうのではなく、
美しく見せる収納に**

### 「カフェのような部屋にしたい」

ごちゃごちゃとモノがあふれたリビングから、カフェのようにくつろげるリビングに。

こんな目標を立てると、各コーナーをどのくらいすっきりさせればよいか、具体的な目標も見えてくる。

**point**
**すっきりしたデスクで、
モノを探す
ストレスがない**

**point**
**必要な資料が
すぐ出せて、
新しい本が入る
スペースもある**

### 「仕事がバリバリできる空間に！」

自宅で仕事をする習慣がある人には、こんな目標もおすすめ。デスクの上に余計なものがなく、必要な書類や本がすぐにとり出せる環境をめざす。モノを探すためのムダな時間がなくなるので、効率も確実にアップする。

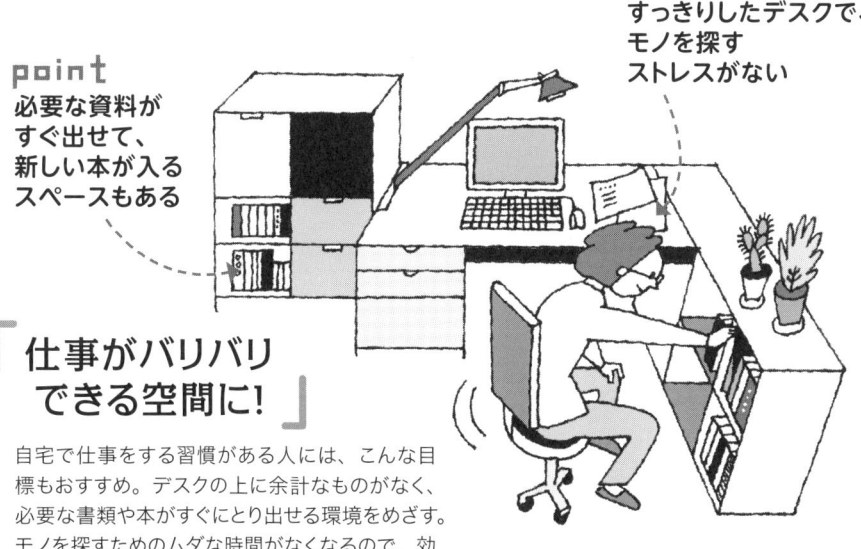

## 数値化できる目標だと、達成感もより高い

### 15分後はどんな状態？小さなゴールを描く

大きなゴールは、部屋をリセットした後の全体的なイメージです。これを決めたら今度は、より具体的な目標として、小さなゴールイメージを描きましょう。

たとえば1セット15分でテーブルを片づけるなら、15分後のテーブルがどんな状態か。「リモコン以外は何もない」など、より具体的にイメージします。

このイメージがあるだけで、作業がぐんとスムーズになります。

モノを減らすときには、数値化できる目標だと、より効果的です。たとえば本棚の片づけをするなら、「150冊ある本を、90冊に減らす」など。アイテム別の数量のほか、「棚のモノを½にする」といった、全体量での数値目標もいいでしょう。

減らす段階で迷いがなくなるうえ、ゲーム感覚で楽しく片づけられます。

### 全部片づいたら、モノの定位置を決めていく

小さなゴールイメージにそって各場所を片づけたら、とっておくものの定位置を決めましょう。モノの定位置が決まっていないと、またすぐに散らかってしまうからです。

使い勝手よく整頓するのは、後からでかまいません。「ハサミはいちばん上のひき出し」という程度の、大まかな定位置でOK。まずは定位置を決め、使った後は必ずそこに戻すクセをつけることが大切です。

## 片づけ効率アップ！　小さなゴールの例

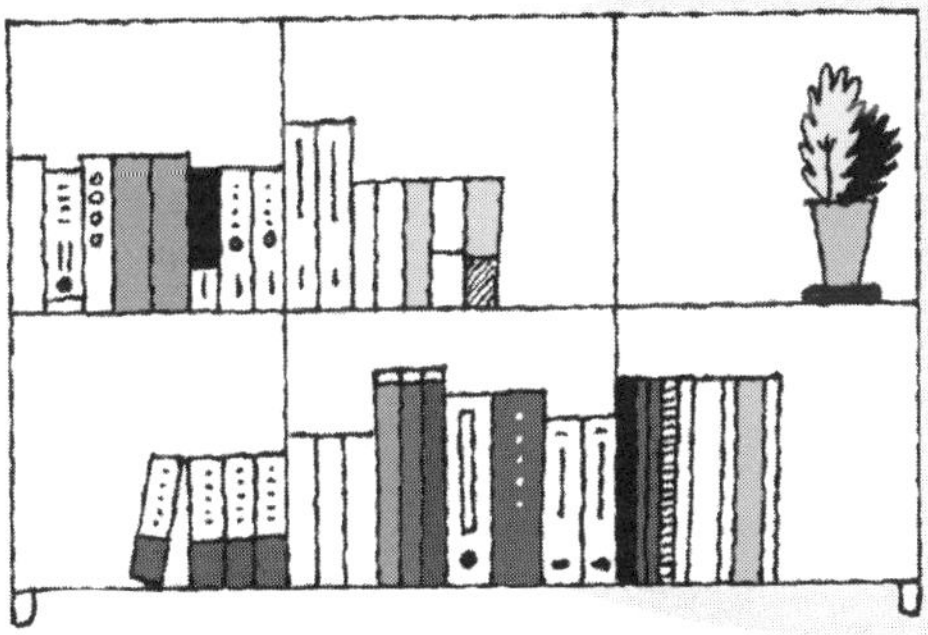

### 本棚の1/5は空いている

今後も本を買うことを考えて、1/5は空けておく。空いたスペースにはモノを詰め込まず、観葉植物を飾っておくと、後で動かすときにラク。

### 床にモノがない

床にモノが置かれていると、それだけで散らかった印象になる。「床には何も置かない」ことを、小さなゴールにするのもいい。

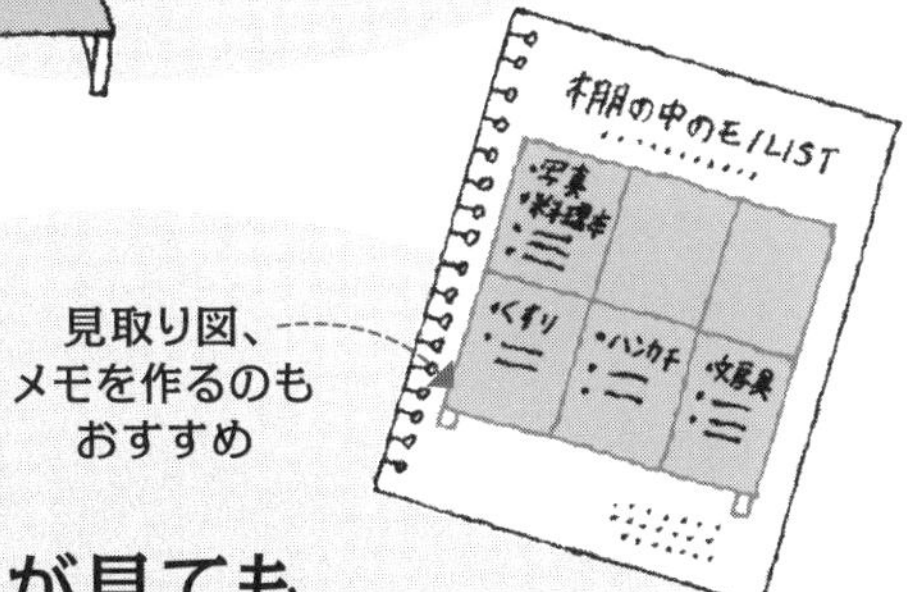


### 誰が見てもモノの位置がすぐわかる

「誰が見ても置き場所がわかる」ことをゴールにすると、再び散らかるのを防げる。定位置を決めたら、すぐにラベルを貼っておこう。

5

# 「捨てられない」あなたのための簡単減量ルール

## 「モノの移動」ばかりでは、永遠に片づかない

### 棚を増やしても片はつかない

片づけをしていると、「広い収納スペースさえあれば……」と、つい思ってしまうもの。

でも、収納スペースが十分あれば、部屋は本当に片づくのでしょうか？

答えはノーです。大きな家に住み、収納スペースも十分あるのに、片づけの相談に来る人はたくさんいます。

結局、きちんと片をつけなければ、必要なものをすぐ出せる状態にはなりません。モノを探すための時間がより多くかかってしまうだけです。

同様に、収納家具を増やしても、問題は解決しません。今の収納家具に収まるくらいまで、モノを減量することが先決です。

### モノがいきないことこそもったいない！

モノの処分に迷ったとき、「もったいないからとっておこう」と考えることはありませんか？「もったいない」とはそもそも、「本来の価値がない」ことをさす言葉。しまいっぱなしで使っていなければ、それこそもったいないといえるでしょう。

また、「いつか使えるかも」というのもよくあるフレーズですが、その「いつか」は、本当にやってくるでしょうか？ 漠然とした「いつか」は、永久に来ない可能性のほうが高いのです。

モノの価値をいかすためにも、自分に把握できる量だけを、厳選して持つようにしましょう。

## 全アイテム共通! 2大減量ルール

### rule 1 「入手可能」なものは捨てる

処分に迷ったとき、どのアイテムにも共通していえるのが、「捨ててしまっても再入手可能なもの」は捨てるということ。これを基準にしていれば、「後悔するかも……」という迷いがなくなる。

ネットでも手に入るような情報

サイン本以外の、読み終えた本

### rule 2 「いつか使える」ものは捨てる

目的がはっきりしないもの、存在すら忘れていたものは、なくても困らないので処分する。今の時点で着られない（＝いつまでも着られない可能性がある）洋服も、処分対象に。

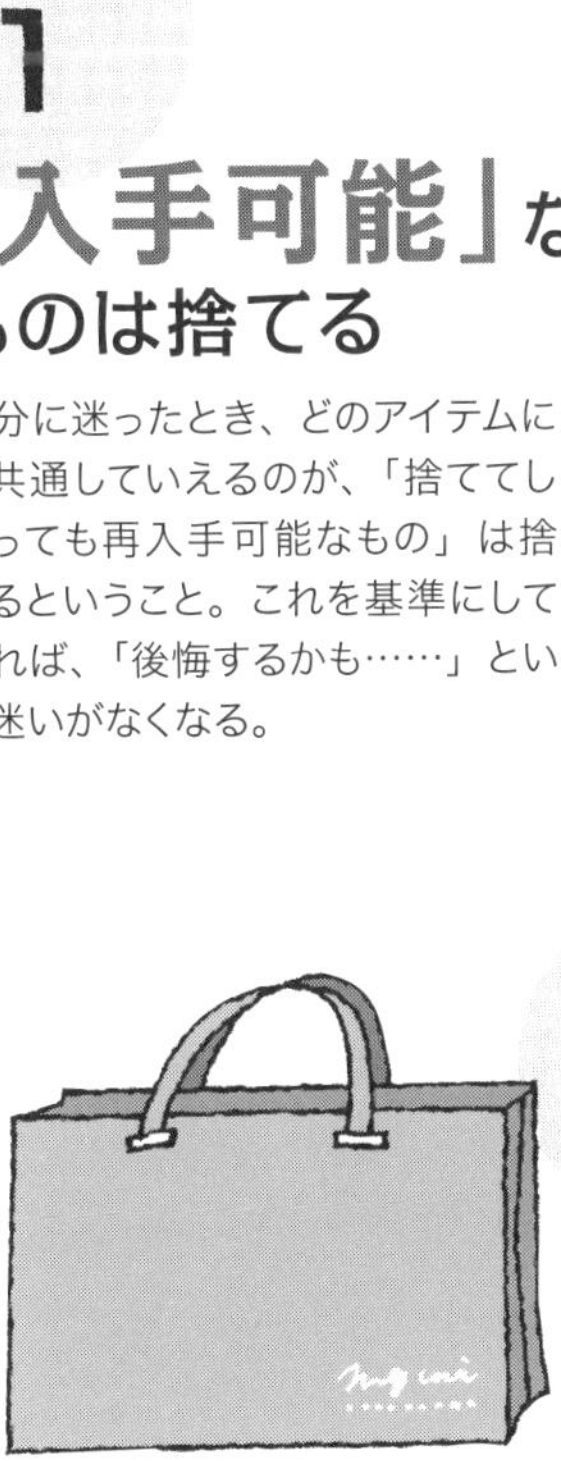

ショッピングバッグ

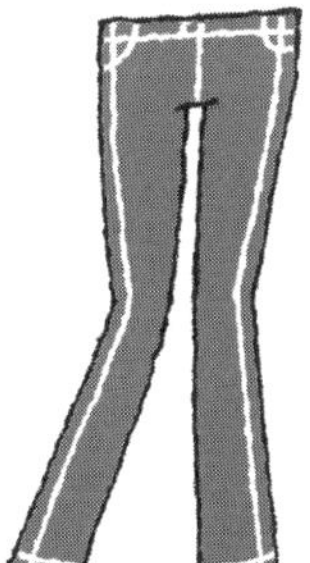

やせないと着られない服

あることも忘れていた小物

## ● モノの処分リストを作ってみよう

| モノ | 行き先 | 連絡先 | 予定日 |
|---|---|---|---|
| ニットx2 | 母親にあげる | 03-0000-0000 | ○月○日 |
| ワンピース | 友だちの○○ちゃんにあげる | 090-0000-0000 | ×月×日 |
| マンガ（30冊セット） | ネットオークションに出す | ○○○@○○○.co.jp | ×月○日 |
| ワッフルメーカー | 会社の○○さんにあげる | 090-0000-0000 | ×月△日 |
| エアロバイク | 粗大ゴミ回収センター | 03-0000-0000 | ○月×日 |
| PCモニタ | PCリサイクルセンター | 03-0000-0000 | ○月△日 |
| | | | |
| | | | |
| | | | |
| | | | |
| | | | |

人にゆずったり、売ると決めたら、モノの行き先や処分日時をリスト化しておくといい。ゆずる相手、売るお店の連絡先も調べてメモしておくと、すぐに実行に移しやすい。

## 「いつか誰かにあげる」ではお蔵入りの可能性大

モノの処分のしかたは、捨てるだけではありません。人にゆずったり、ネットオークションやフリーマーケットに出すなどの方法もあります。

誰かに喜ばれたり、または少しでもお金になるなら、それにこしたことはありませんね。

ただしこのときに気をつけたいのが、相手や期限を明確にすること。

「いつか誰かにあげよう」と漠然と考えていると、いつまでもそのままになってしまう可能性があります。

「いつ」「誰に」がまったく浮かばない場合は、残念ながら、あまり価値のないものである可能性も。そのときには、捨てることも考えましょう。

## 迷ったときは「執行猶予BOX」も役立つ

**30秒で 決められなければ、執行猶予BOXへ!**

この化粧品だけは惜しい…


処分するかどうか、どうしても決められないときは、「執行猶予BOX」に入れよう。1ヵ月以内に見直すつもりで、期限を書き込んでおく。

**1ヵ月後**

**1ヵ月後に 使っていなければ、処分しよう**

1ヵ月以内に使わなかった場合は、今後も使わない可能性が高いので、処分対象に。「たしかに使わなかった」と実感すると、処分を決意しやすい。

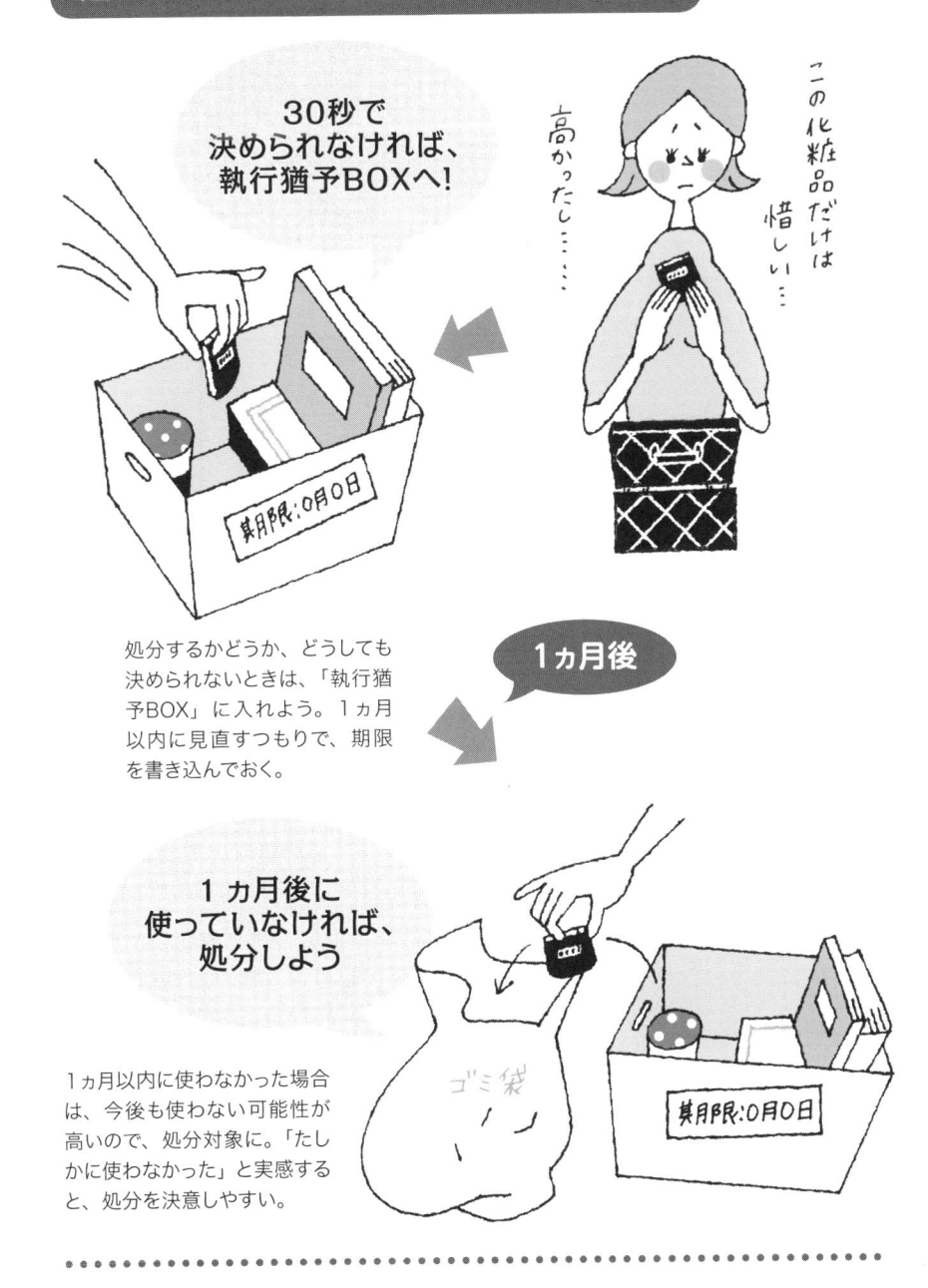

6

# もうリバウンド知らず!
# 1分でできる
# キレイ維持テクニック

## いつの間にか散らかるのには、理由がある

### 定位置がなければ、モノは必ず散らかる

いったん覚悟を決めて、リセットする片づけをしてしまえば、もう本気で片づけする必要はなくなります。

リセットするまでは平日15分、週末30分〜1時間くらいの片づけが必要ですが、それ以降は1日1分でOK。散らかった部屋に二度と戻さないために、「使ったものをすぐ元に戻す」ことさえ習慣づければいいのです。

そのためには、モノの定位置をしっかり決めておくことが必要。定位置が決まっていないと、「なんとなく置く」「とりあえず置く」ことがくり返され、部屋はおのずと散らかってきます。

せっかくがんばって片づけたのだから、リバウンドに陥ることだけは避けたいもの。定位置を明確にし、二度と散らからないしくみをつくりましょう。

### 「テーブルにはリモコンだけ」など、マイルールをつくる

モノの定位置は、「どこに何をしまうか」だけではありません。

テーブルや机の上に何を置いていいかも、マイルールとして決めておくといいでしょう。

「テーブルにはリモコンしかない状態にする」などのルールがあれば、別のものをなんとなく置くことも避けられますし、仮に置いてしまっても、その日のうちに片づける気になるはずです。

## 片づけを終えたら、モノの定位置を決める

### rule 1
### よく使う場所、無理なく戻せる場所に

定位置を決めるときは、動線を考えて、使う場所の近くに置くのが基本。無理なくとり出せ、戻せる場所でないと、動くのが面倒で定位置に戻さなくなってしまう。たとえば洗濯したタオルをしまう場所も、乾燥機の近くに決めるとラク。

### rule 2
### 使用頻度の高いものは手前に

棚やひき出しの中も、定位置を決めておく。よく使うものはとり出しやすい手前に置き、たまにしか使わないものは奥のほうに。背伸びしないと届かないような高い位置の収納にも、使用頻度の低いものを入れる。

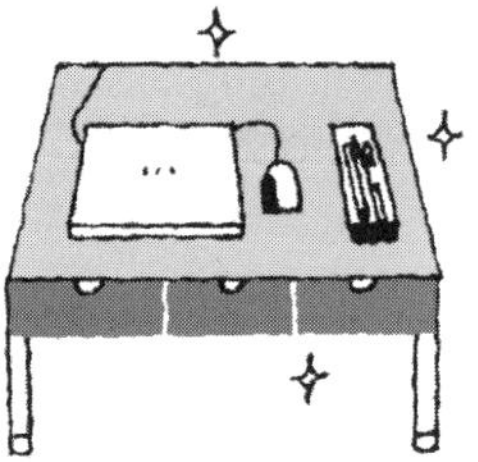

## 無意識の行動を「意識的な行動」に変える

### 無意識の行動、クセがリバウンドの原因

リバウンドを防ぐもう1つのコツは、自分の行動に意識的になることです。

たとえば、片づけでキレイになったテーブルの上に、いちばんはじめに置いたものは何か。私はこれを、「OKサイン」と呼んでいます。散らかることにOKを出した合図、というわけです。

自分の「OKサイン」が何なのかがわかれば、片づけリバウンドは必ず防げます。

たとえば最初に置いたものが新聞だったとしたら、「読み終えた新聞は新聞用のカゴに入れる」ことを意識しておこなうようにします。

### キレイに片づいた場所は汚しにくい

このように行動を変えることは、意外に面倒なことではありません。

アメリカの心理学者が発見した行動理論で、「割れ窓理論」というものがあります。窓が1ヵ所でも割れていると、その空間を荒らしたり汚すことに抵抗がなくなるため、自然と荒廃していくというものです。逆に、ゴミ1つなく、美しく整えられた空間を汚すのには、心理的な抵抗が生まれます。これは、誰にでも共通の心理です。

つまりキレイに片づけた後では、「汚しにくい」心理が自然と生まれ、汚さないための行動をとるようになるというわけです。

## モノを1つ置くことが、リバウンドの始まり

片づけ後、
モノのない
テーブルに
読み終えた本を
「とりあえず」
置いたら……

1週間後には
モノの山が
できていた!!
せっかく
キレイに
したのに…

なんとなく置いた本が「OKサイン」となり、その後もなんとなくモノを置き続けてしまったケース。せめて寝る前には必ず片づけるようにすると、リバウンドが防げる。

# 散らからない行動を「無意識の習慣」にする

## 今までと真逆の行動を21日間続けてみよう

今までと違う行動であっても、21日間続けると、習慣として身につけることができます。21日間、意識してその行動をとり続ければ、それ以降は無意識の行動になるというわけです。

私たちの生活習慣の多くは、ほとんどが無意識の行動によるものです。たとえば、歯磨き。歯を磨くときに、いちいち「歯を磨かないと歯垢《しこう》がつくから、がんばって磨かなきゃ」と考える人はいませんね。無意識の行動習慣に組み込まれているから、「寝る時間になったらとりあえず磨く」という程度の感覚でしょう。

片づけも同様で、一度習慣化すれば、使ったものを元に戻さないことが気持ちわるくなってきます。この状態をめざして、21日間、今までと逆の行動を続けてみましょう！

## 意識を支えるしくみをつくる

歯磨きは無意識の行動習慣の1つですが、たとえば歯ブラシや歯磨き粉が、寝室や納戸にあったらどうでしょう？　いちいちとりに行くのが面倒で、歯を磨くこと自体が億劫になるのではないでしょうか。

片づけも同様で、今までと真逆の行動を続けるには、「何も考えずに行動できるしくみ」が必要。

そのためにも、1つ1つのモノの定位置を、使い勝手のよい場所に決めておくことが大切なのです。

## 真逆の行動を、1つずつルール化する

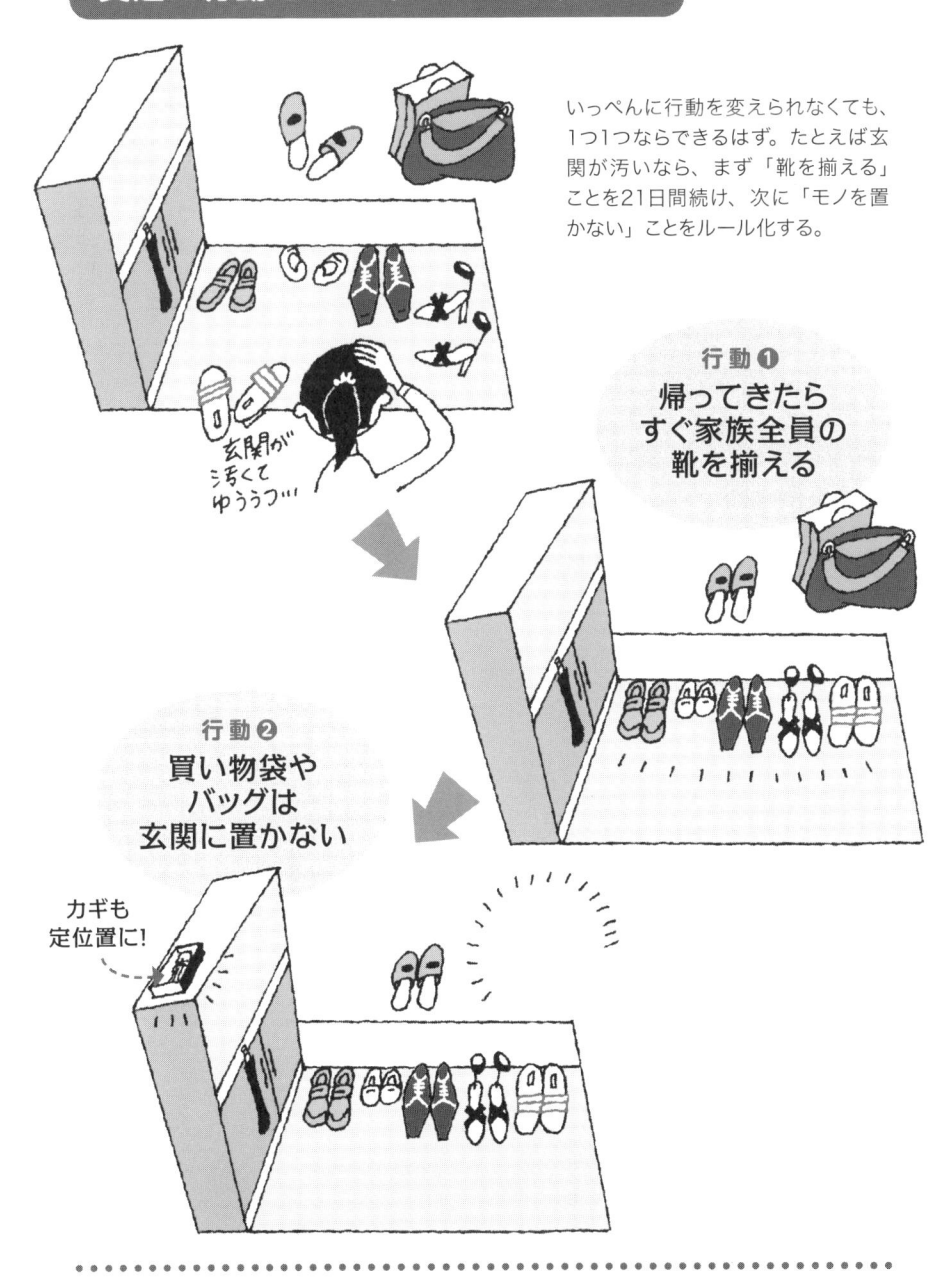

いっぺんに行動を変えられなくても、1つ1つならできるはず。たとえば玄関が汚いなら、まず「靴を揃える」ことを21日間続け、次に「モノを置かない」ことをルール化する。

**行動❶**
**帰ってきたら**
**すぐ家族全員の**
**靴を揃える**

**行動❷**
**買い物袋や**
**バッグは**
**玄関に置かない**

7

# 後は実行あるのみ!! 日時を決めてプロジェクト化

## 予定を手帳に書き込んで、先延ばし心理を防ぐ

### 始めと終わりの時間は必ず決める

片づけのやりかた、リバウンドを防ぐルールがわかったら、後は実行あるのみ！　時間がたってやる気を失ってしまう前に、さっそく片づけを始めましょう。

まずおこなうことは、始める日時を決めることです。「時間が空いたときに……」と思っていると、忙しさに追われ、結局先送りに。日時を決めたらすぐ手帳やカレンダーに記入し、先送りを防ぎましょう。

記入するときは、終わりの時間も忘れずに書いておきましょう。終わりの時間が決まっていないと、ついだらだらと作業してしまい、効率もやる気も落ちることがあるからです。

### 部屋中散らかっているならエリアマップを作る

部屋中どこも散らかっていて、どこから手をつけていいかわからない場合は、エリアマップを作ることをおすすめします。

簡単な見取り図を作り、片づける場所をこまかくわけていきます。欄外などに、エリアごとの片づけ日時を記入しておけば、より確実。

片づける順番は、もっとも長く過ごす場所、よく目につく場所優先です。よく目につくところがキレイになると、キレイな部屋で過ごす喜びで、やる気がアップするからです。

まずはリビングのテーブルや、床の上から始め、作業の大変な押し入れなどは、後の日程にしましょう。

## エリアマップに予定を記入する

### 例 リビング&ダイニング

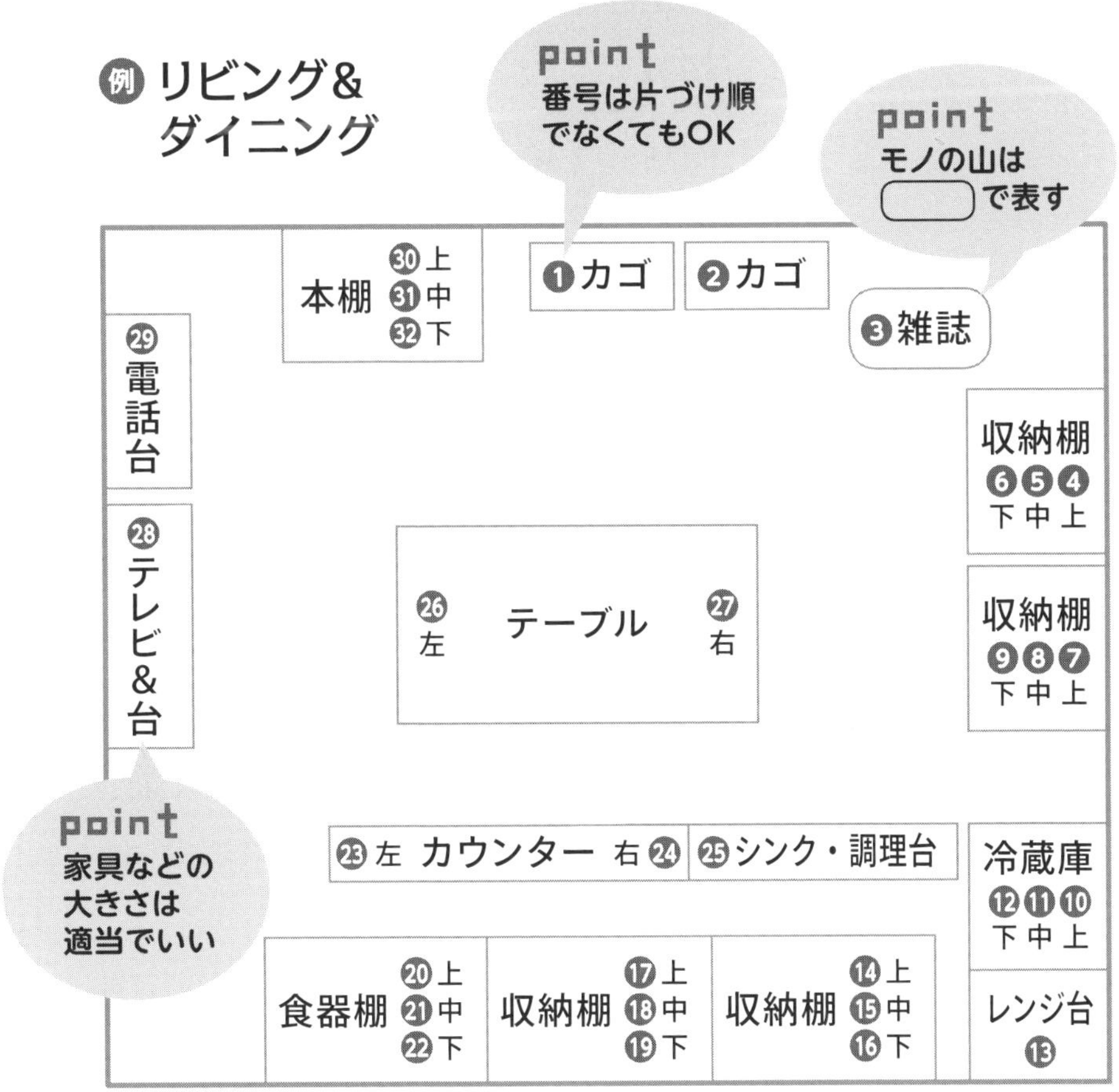


### Schedule

1. カゴ　5月10日(月)　17：00〜17：15
2. カゴ　5月11日(火)　17：00〜17：15
3. 雑誌　5月13日(木)　17：00〜17：15
4. 収納棚　上　5月14日(金)　17：00〜17：15
5. 収納棚　中　5月15日(土)　10：00〜10：30

⋮

1部屋につき1枚、エリアマップを作る。棚など、モノがたくさん入っている場所は1回で片づけられないので、上段・中段・下段などで区切る。1つ1つのスペースに番号を振っていくと、全部で何日かかるかのめどがつく。

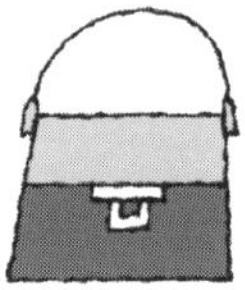

## 自分へのプレッシャー＆ごほうび、どちらも大切

### 楽しいイベントとして習慣化する

片づけを毎日続けるには、やる気を維持するための楽しみも必要です。片づけ後の自分に、何かごほうびを決めておきましょう。

ケーキを食べる、おいしいランチを食べに行くなど、どんなことでもかまいません。「この作業が終わったらケーキが待っている！」と思えば、片づけがぐんと楽しくなるはず。

ひと部屋全部終わった後には、「エステに行く」など、よりランクの高いごほうびを予定しておくと、やる気が出ます。

片づいた部屋を人にお披露目する機会として、自宅でイベントを開くのもいいですね。

### おうちイベントでモノのリサイクルもできる！

自宅でのイベントには、「イベントまでに片づけを終える」というプレッシャー以外の効果もあります。

たとえば処分したい洋服や本を箱に入れ、「ご自由にどうぞ！」と書いておけば、不用品のリサイクルにもなります。いらないものが処分できて、友人が喜んでくれるなら、まさに一石二鳥ですね。

また、「キレイにしてるね」とほめられれば、この状態を維持しつつ、より素敵な部屋にしたいというモチベーションも上がります。

自宅に人が来る機会が少ない人は、できるだけ積極的に、人を呼ぶ機会をつくってみてください。

## モチベーションアップの3つの秘訣

### point 1 ゲーム化する

「ここを15分で片づけるぞ」という時間の目標を立てると、ゲーム感覚で楽しめる。おこづかいを目標にする方法もおすすめ。いらないものを売って、合計いくらという金額の目標を立てると、楽しみながらモノの処分ができる。

### point 2 ごほうびを決める

片づけ後の自分へのごほうびを、具体的に決める。たとえば食事なら、「誰といつ、どこで食べるか」まで決めて、予定として記入しておこう。

### point 3 イベントを開く

あまりに大がかりなパーティだとプレッシャーになるので、友人を呼んで楽しく食事するレベルでOK。焼肉パーティや鍋パーティなら簡単!

column

# 旅のしたくで片づけトレーニング

なかなかモノが減らせず、片づかない人には、
最小限の荷物で旅に出ることも、いい経験になります。

## 本当に必要なもの、必ず使うものだけ選ぶ

どうしてもモノが減らせずに困っている人は、一度、最小限の荷物で旅行に出かけてみてはいかがでしょうか。モノを取捨選択し、本当に必要なものだけを選ぶトレーニングになります。

場所は、近場でかまいません。身のまわりのものを厳選し、荷造りします。3泊までなら、大きめのトートバッグなどに十分収まるはずです。

荷物が少ないほど、フットワークは軽くなりますし、旅先でのコミュニケーションや美しい景観に、自然と意識が向くものです。「少ないモノで快適に暮らす」感覚を実感する、貴重な機会になるはずです。

数泊分の荷物ならスーツケースは不要！　最小限必要なものだけ選べば、大きめのバッグにきちんと収まる。

お部屋別
テクニック

# Part 2

# リビング＆ダイニング

くつろいでテレビを見たり、食事したり、
もっとも多くの時間を過ごす場所。
よく使う場所から片づけるのが基本なので、
まずはここから攻めましょう!
「テーブルも床もぐちゃぐちゃ」という人も、
順番どおり、テーブルの片づけから始めてください。

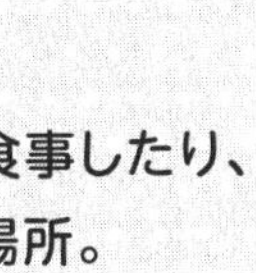

リビングにて
ごっちゃ
ごっちゃ
ううう
先生は「いちばんよく使う場所から始めてください」っていってたよね……
えーっと…
どど〜ん!
やっぱりテーブルかな……?
サプリ
10%OFF
10%OFF
10%OFF
10%OFF
10%OFF
Sale
50% OFF!!
15分でどのくらいできるかわからないけど……
アナタこんなところにいたのね
← ロシアみやげのマトリョーシカキーホルダー
よぉしっ
とりあえず**右半分**を片づけるぞ!
えいえいおー

えーと、最初は……
〝出す〟
ってもう出てんじゃん
ペチッ
てへっ
それにしても左側が気になるなあ……
今日片づけない
今日片づける
これでよし、と
ファサッ
で、次が……
〝わける〟
「使う」と
「使わない」でわけるんだよね
やるぞー
使う
TVのリモコン
めん棒
出るペン
よく飲むサプリ
消費期限間近のかぜ薬
ばばばっ
DM類
ばばばっ
読み終わった雑誌
期限切れや全然飲んでいないサプリ
チラシ
期限切れのクーポン
出ないペン
使わない

ほとんど
いるものだと
思ってたけど
使わないものが
こんなに
あったんだ……
ちょっと
びっくり
ゾロゾロゾロ
というわけで、次は……
〝減らす〟
使わないもの――
たとえば、これ
ずーん
サプリ
えへ
→全然飲んでない
サプリメント
もったいないけど……
思いきって
捨てちゃおう！
あああっ
ゴミ箱！
そして、最後に……
〝戻す〟
使うものを
あるべき場所に
戻そう！
かぜ
かぜ薬と
めん棒は
救急箱に
ペンはペン立てに
すると――

ぴかーん
わぁぁぁ…
これで空きスペースが半分できた!
←ダンナ
…何してんの?
ひろい ひろーい
ここでクロスをはずしてみると——
キラ
キラ
キラ
こんにちは
はっ
バサッ
今までは散らかり放題で平気だったのに左側の汚さがものすご～く気になる……
右側がキレイなだけに…
ううむ…
明日仕事から帰ったらすぐに左側もリセットしちゃうぞ!
明日は手伝ってネ♥!!
ハイ…
俄然ヤルキ!

テーブル・机

step 1 「出す」(1分)

# モノが山積みなら、わけて出す

## ½、⅓にわけて片づけるとスムーズ

リビングのテーブル、机は、生活の拠点です。とくにリビングとダイニングが兼用なら、食事もそこですませるはず。

一日のうちでもっともよく使う場所なので、ここから片づけ始めましょう。

まずは最初のステップですが、テーブルの場合はモノが出た状態なので、出す作業は不要です。

モノが多く、時間がかかりそうな場合は、½か⅓にスペースを区切って片づけましょう。1ヵ所目を片づけてみて、余裕があれば2ヵ所目に移ってもいいですし、面倒なら翌日にまわしてかまいません。

### ● 後ろを向いてしまえば目移りしない

スペースを細分化して作業する場合、隣接エリアについ目が行って、手を伸ばしてしまうことも。目移りしそうなら、片づける場所のモノだけを床などに移して作業するといい。

## step 2 「わける」(7分)

# 「過去1ヵ月、半年で使ったか」を基準に

### 「使えるかどうか」より「今使うか」が大事

テーブルや机の上には、文房具やCD、化粧品など、さまざまなものが集まりがち。どれも必要な気がして、なかなか処分が決められない、という場合もあるでしょう。

そんなときは、アイテムごとの分類基準を決めて作業するとスムーズ。

たとえば文房具のように、同じものをくり返し使うアイテムなら、過去1ヵ月に使ったかどうか。CD、DVDのようにときどき出して楽しむものなら、過去半年で聴いたか、見たかを基準にしてもいいでしょう。

こうした使用頻度をもとにすると、あまり時間をかけずに、モノを分類することができます。

### ● アイテム別の基準で効率アップ

過去1ヵ月で使わなかったものは、今後も使う可能性が低いと考えて。生活必需品以外のアイテムは、3ヵ月〜半年くらいを基準にすると確実。

CD・DVD
↓
半年以内に聴いたり、見たりしたか
まげ道中

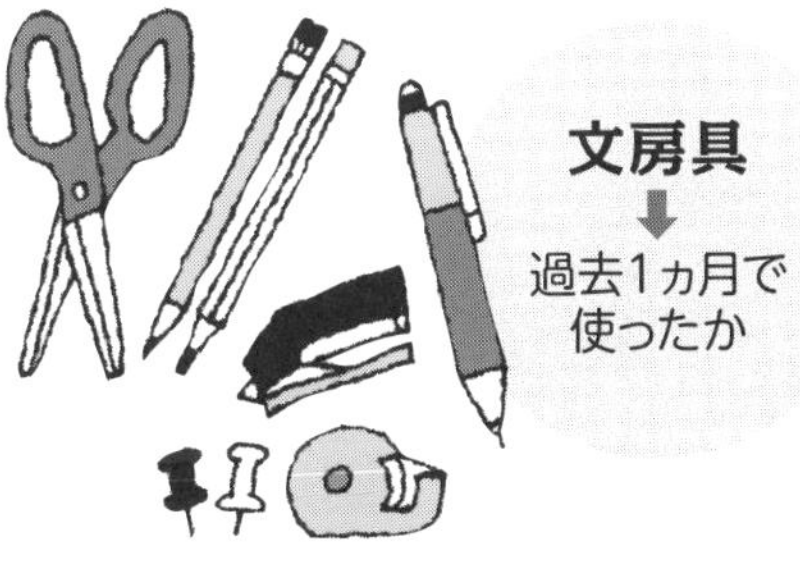
文房具
↓
過去1ヵ月で使ったか

化粧品
↓
過去半年で使ったか

step 3 「減らす」(5分)

# 「⅓は処分」など、目標を決めて減らす

## 迷っていいのは1個につき30秒まで

テーブルの上のモノを「過去1ヵ月で使った」「過去1ヵ月使わなかった」の2つにわけたら、今度は使わなかったものの処分を検討します。

ゴミ袋を2枚用意し、燃えるもの、燃えないものにわけて、可能な限り処分していきましょう。売ったり人にゆずるつもりのものは、専用の箱を用意して、入れておきます。

ここで大事なのは、捨てるかどうかの判断に、あまり時間をかけないこと。一度判断が鈍ると、作業が滞ってしまいます。1個につき30秒、長くても1分程度をリミットとし、それ以上かかりそうなら、執行猶予BOXを活用しましょう。

**● 使用頻度の低いもの、迷ったものはBOXへ**

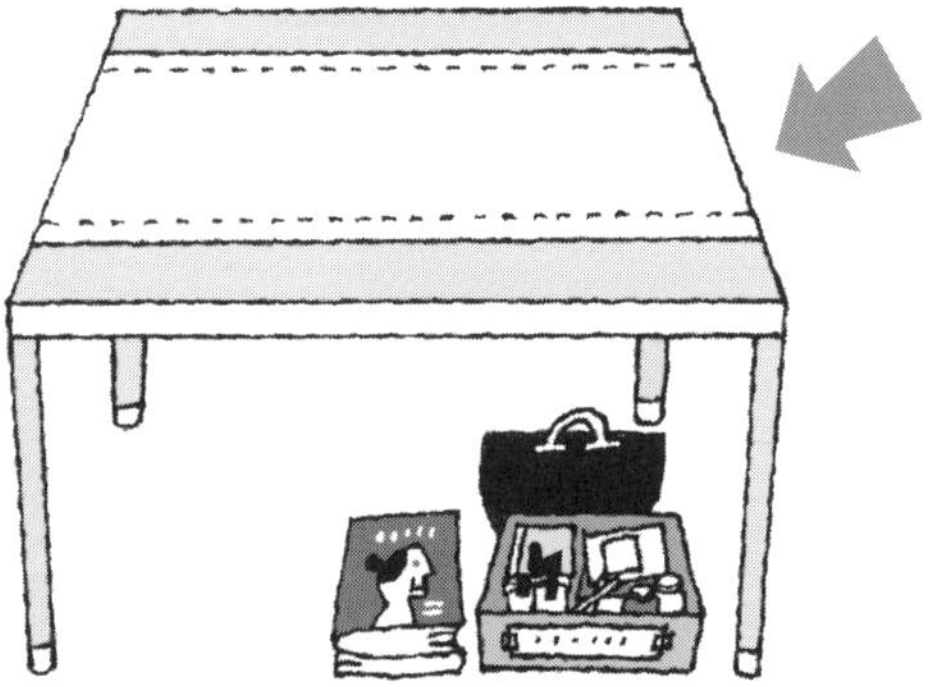

判断に迷うものは、見直す期限を決めて、執行猶予BOXへ。テーブルの下や脇に仮置きし、期限内に一度でも使うかどうか、様子をみよう。

step 4 「戻す」(2分)

# 今使うものだけ テーブルに置く

## テーブル、机を聖域にして周囲にいい影響を

不要なものを処分したら、後は残ったものを戻すだけ。

「ハサミはひき出し」「化粧品はドレッサー」など、定位置が決まっているアイテムは、定位置に戻します。定位置が決まっていないものがあれば、カゴなどにまとめて入れ、テーブルの上か下に仮置きします。

1つ1つのモノの定位置を決めるのは、リビング全体を片づけてから(→P62)。収納棚やひき出しが散らかったままでは、定位置をきちんと決められませんし、この段階で定位置を考えていると、作業に時間がかかり、15分では終わらなくなるからです。

## ● 時間を空けずに隣接エリアもスタート

テーブルの片づけは、ここでいったん終了。テーブルがキレイになったら、今度は周囲の汚さが気になってくるはず。時間を空けず、周囲の片づけにとりかかろう。

1カ所キレイになると、ほかも気になるはず

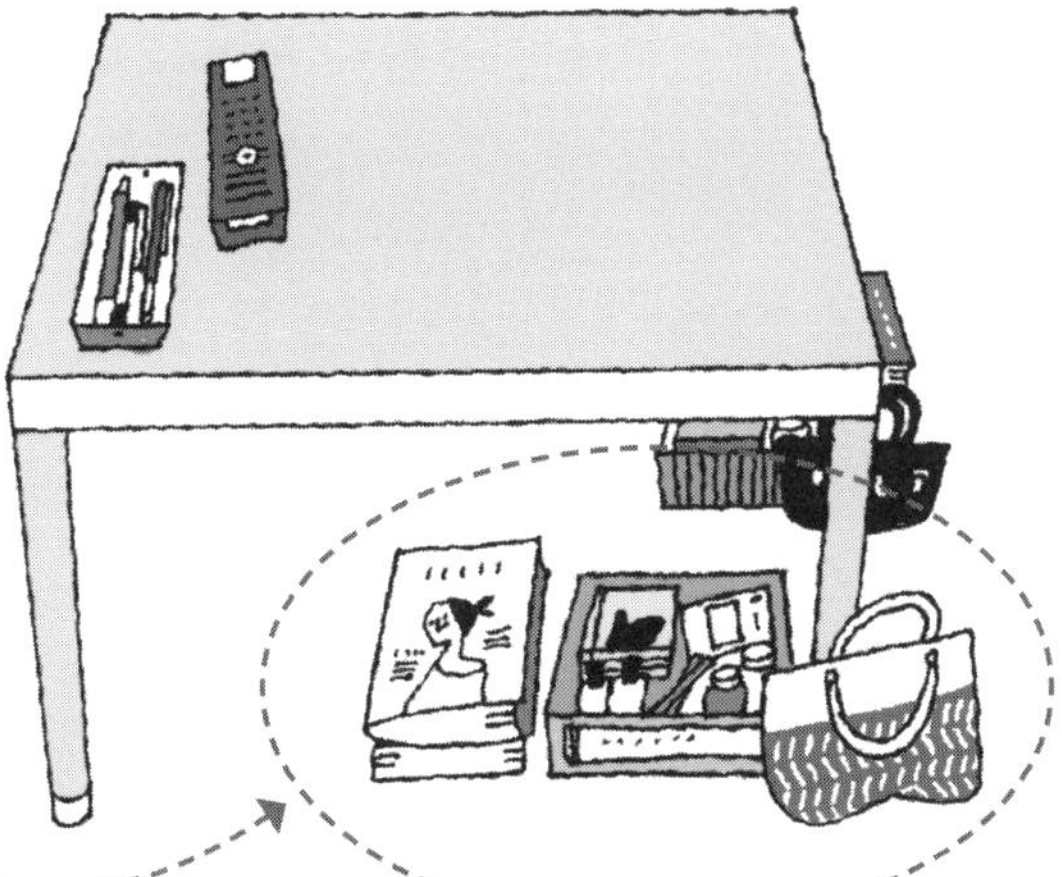

step up 「整頓する」

# 置いていいものを厳選しよう

## テーブル・机に置くものは2つまで

テーブル、机の上のモノを減らし、残りを元に戻したら、後は整頓だけ！　上に置いていいものと、その定位置を決めましょう。

上に置いてもいいアイテムは、できれば2つ以内に絞りましょう。置いてもいいアイテムの数が多いと、いろいろなものをなんとなく置いてしまうことになるからです。

テーブルには花とリモコンだけ、というのが理想的。花が1輪でもあると、キレイな状況を維持したい心理が自然と生まれてきます。

机の上も同様に、モノを厳選して。パソコンとペン皿くらいに絞ると、キレイな状況が維持できます。

### ● 機能性&美観でキレイを維持する

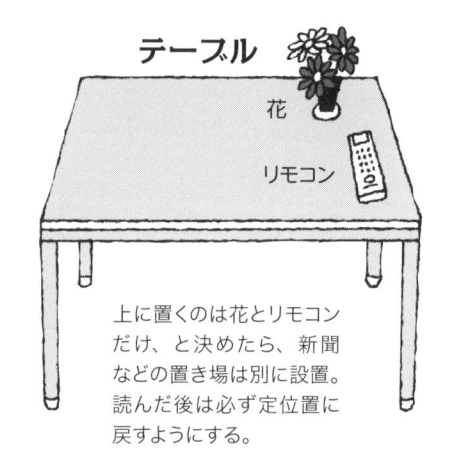

文房具の収納は、ペン皿がおすすめ。ペン立てだといろんなものを詰め込みがちなので、収納量が少なめのペン皿に、少数精鋭でモノを並べよう。

上に置くのは花とリモコンだけ、と決めたら、新聞などの置き場は別に設置。読んだ後は必ず定位置に戻すようにする。

step up 「キレイ維持ルール」

# テーブルにモノを置かない、新習慣を身につける

## 1つ目に置いたものが、テーブルの「OKサイン」

テーブル、机の上をキレイに片づけた後、最初に何を置いたかに注目しましょう。郵便物や新聞、カギなど、つい置いてしまうものが必ずあるはず。それが、あなたの「OKサイン」(→P44)です。

「OKサイン」に気づいたら、意識してそれを置かないようにします。定位置が決まっていないものがあれば、定位置を決める必要があります。

とはいえ、くつろいでいる時間にコーヒーカップを置いたり、読んでいる途中の本を置く程度のことは問題ありません。寝る前までに片づけ、元の状態に戻す習慣を身につけることが大切です。

## ● 新しい習慣を1つとり入れてみよう

### 例1 帰宅後に郵便物を置かない

郵便物は玄関先で開封し、不要分はその場で処分、などの新ルールをとり入れる。

### 例2 寝る前は何もない状態に

作業中に使った文房具や書類は、寝る前に、定位置に戻すことをルール化する。

# 床

step 1 「出す」(2分)

## 散らばったものを1ヵ所に集める

### 可視面積が増えれば やる気もアップ!

床の散らかり具合は、個人差が大きいのが特徴。「うちは足の踏み場もない」という人は、目に見える面積（＝可視面積）を増やすことから始めましょう。

床が散らかっていると、掃除もろくにできず、非常に不衛生です。「こうなったらクリーニング業者に!」と思っても、モノだらけの状態では、人を上げることもできません。

とにかく1スペースだけでも、キレイな床を出すことが先決です。ドアの前やテーブルまわりなど、とくに目につく場所から始めましょう。

手をつける場所を決めたら、散らばったモノを1ヵ所に集めます。

**● よく通る、よく使うスペースから始める**

帰宅してドアを開けた瞬間、目の前にモノが散らかっていると、どっと疲れた気分に。まずはドアの前からテーブルまでの通り道を片づけよう。

# step 2 「わける」(6分)

# 大きな紙袋に、モノを分類していく

## ジャンルを問わず、モノの山を1つずつくずす

床に散らかったモノを集めたら、いるもの、いらないものにわけていきます。判断に時間がかかるものは、執行猶予BOXに入れましょう。

床に散らかっているものには、さまざまなアイテムがありますが、アイテム別にわけていると、時間のロスになります。上にあるものから1つずつ手にとり、使うか使わないかを基準に、大きな紙袋などにどんどん分類していきましょう。

洋服類も、たたんで分類する必要はありません。そのまま紙袋に入れ、収納するときにキレイにたたみましょう。着た後の洋服だけは、洗濯物置き場に移します。

### ● アイテム別ではなく「いる／いらない」でわける

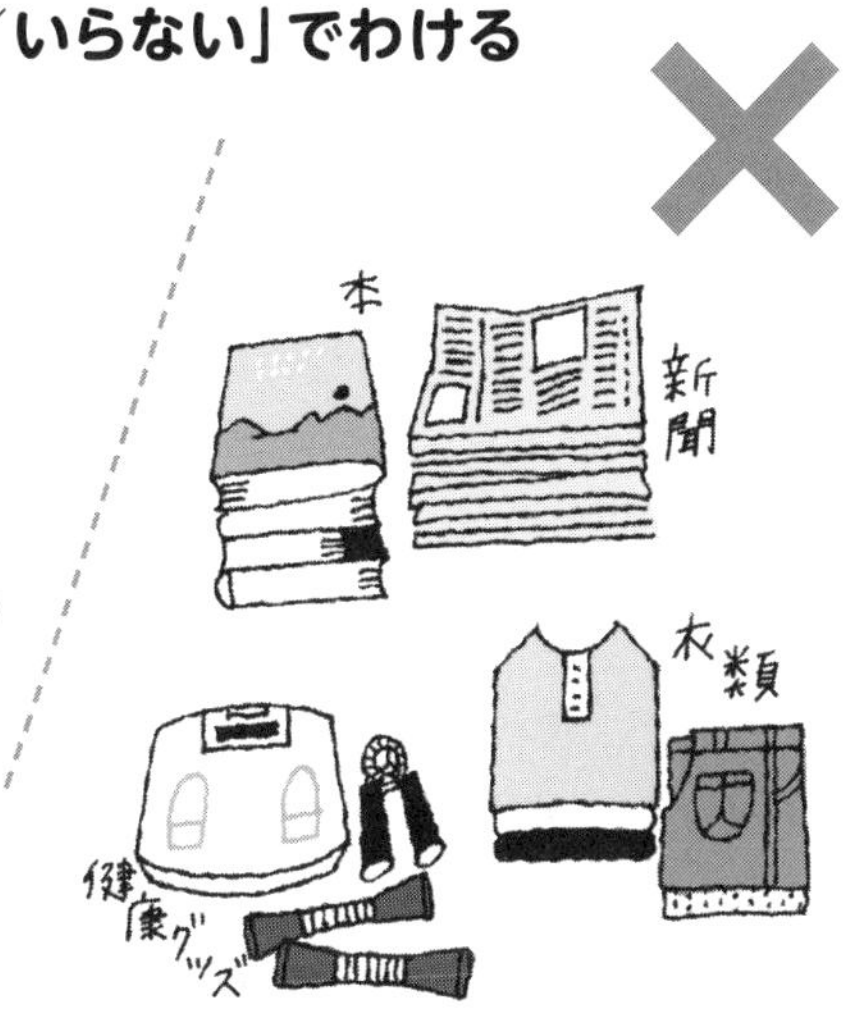


アイテム別にわけようとする人が多いが、この場合、その手間は省いたほうが賢明。今現在使っているかどうかを基準に、スピーディにわける。

## step3 「減らす」(5分)

# 可視率を上げるには、処分が最優先

### 健康器具や家電は売りに出すのも1つの手

いるもの、いらないものに分類したら、いらないものを処分します。

判断に迷うものが多く、執行猶予BOXがいっぱいになっているようなら、さらに減らす覚悟が必要。

また、床に置かれたものの中には、こわれたり買い替えたりして、使っていない家電類もあるかもしれません。処分の手間が面倒だったり、処分方法がわからず、なんとなく置きっぱなしになってしまうことが多いようです。

今度こそ先送りにしないためには、決心が鈍らないうちに、家電類などの大ものをまとめて捨てる「捨て日」を決めておくといいでしょう。

## ● 大もの家電は「捨て日」を決める

### 1 区役所・市役所などの連絡先をチェック

買い替え以外で不要となった家電は、自治体に回収を依頼。まずは担当部署の電話番号を調べよう。

### 2 電話をして予定を記入

どんなものを何点回収してほしいか伝え、日時を決める。その場で手帳やカレンダーに記入しておく。

## step 4 「戻す」(2分)

# 収納は後まわし。とりあえず床に置く

### 家全体のモノが減るまでは仮置きでOK

散らかっていたモノを減らしたら、後は残ったものをどうするかですね。定位置が決まっていないものが多く、かといって新たな置き場もない……と悩んでしまうかもしれません。

そんなとき私は、「また床に置く」ことをおすすめしています。このタイミングで、収納場所をつくるために棚の整理などを始めると、どんどん収拾がつかなくなるからです。

床の壁際などに寄せておけば、少なくとも生活の妨げにはならないはず。片づけたスペースが散らからないうちに、家中の片づけを着実に進め、最後に収納場所を確保すればよいでしょう。

● **定位置がないものはそのまま床置きに**

定位置が決まっているものはその場所に置き直せばよいが、決まっていないものは、まとめて床置きしてOK。

step up

# 「整頓する」床置きせずにすむしくみをつくる

## 動線と収納が合っていないと散らかりやすい

床を散らかさないしくみをつくるために、まずはどんなときに床にモノを置いているか、ふり返ってみましょう。

たとえば乾いた洗濯物をカゴに入れ、そのまま床に置いてしまう。脱いだコートやバッグをとりあえず床に置く。こんな習慣はありませんか？

いずれのケースも、しまう場所が遠いことが原因かもしれません。

洗濯物をたたむ場所、しまう場所を変えたり、コートやバッグを仮置きする簡易クローゼットを作るなど、収納場所を工夫しましょう。面倒くさがりな人ほど、収納を工夫し、行動の手間を減らすのがコツです。

### ● 毎日の行動に合った置き場を考える

寝室に置きに
行くのが
面倒なら……
リビングに
置き場を
つくる!
とりあえず ここに、と。

帰宅後、リビングのソファや床に、コートやバッグを置くクセがあるなら、リビング内に洋服やバッグの仮置き場をつくる。

step up 「キレイ維持ルール」

# 散らかりの原因「OKサイン」に気づく

## 床にモノが増えると掃除も億劫になる

テーブルにモノを置けるのに、いきなり床にモノを置く人はいません。床のリバウンドを防ぐには、テーブルの上、机の上のリバウンド防止が大前提。Ｐ63の方法を参考に、キレイな状態を維持しましょう。

また、疲れているとき、忙しいときほど、「OKサイン」（↓Ｐ44）を出さないように注意しましょう。買いもの袋をとりあえず床に置いたり、旅行後のスーツケースを放置したりしないこと。「明日でいいや」と思っていると、あっという間に部屋中が散らかります。ちょっと面倒でも、その場でささっと片づけてしまいましょう。

### ● キレイな床を維持する新ルールをつくる

**例1**

**買いもの袋を床に置く**

↓

**帰宅後はすぐ収納し、袋を捨てる**

買いものから帰ってきたら、商品はすぐ収納し、包装紙や袋は捨てる。疲れていても、ソファでくつろぐ前にさっと片づけてしまう。

**例2**

**家電や健康グッズをよく買う**

↓

**1つ買うときは1つ処分する**

ネット通販が好きな人はとくに、ダイエット器具などの大ものを多く購入しがち。1つ買うときは1つ処分と決め、床に置くものを増やさない。

**例3**

**雑誌や新聞を床に置く**

↓

**読み終えたらすぐに処分**

雑誌や新聞類は、一度床に置き始めると、自然と山積みになっていく。読み終えた新聞や、購入後1ヵ月間読まなかった雑誌はすぐ処分する。

書類

step 1 「出す」(2分)

# あちこちに置かれた書類を集める

## 書類整理は目的を考えてから

リビングを中心に、気づくと山積みになっているのが、書類。片づけなきゃと思っていても、大事な書類をうっかり捨ててしまうのも怖いし……と、後まわしになりがちです。

書類の整理を始めるときにまず考えたいのが、書類を保管する目的です。クレジットカードや公共料金の明細、古い保険証書などを、「なんとなく大事そうだから」という理由で保管している人が多いからです。

確定申告が目的なら、領収書や源泉徴収票、帳簿などを長期保存する必要がありますが、家計簿が目的なら、家計簿をつけた時点で捨てられるものもたくさんあります。そもそも家計簿をつける習慣がないなら、書類の量はさらに減らせるはず。

何のために書類をとっておくのかをもう一度考えて、それぞれの書類の重要度を見直しましょう。

## 1カ月以上放置しているなら分割して片づける

書類はほかのアイテムに比べ、片づけに時間がかかりがちです。重要な書類もそれ以外も、1ヵ月以上放置してある状態なら、細分化して片づけましょう。

まずはリビングの棚やテーブルの上など、目につくところにある書類をざっと集め、手をつけていきましょう。目につくところに置かれているのは比較的新しいものなので、要・不要の判断もしやすいでしょう。

step 2 「わける」(8分)

# 判断に迷ったら「一時ゴミ箱」へ

## 絶対いるもの／一時保管／処分の3つに分類

　目的を考えて、絶対にいるものと、処分するものにわけます。すぐ判断できないもの、あと少しの期間必要なものは、一時保管の箱に入れます。

　一時保管の書類は、短くて1週間、長くても1ヵ月程度で見直すことが前提です。書類は毎日増え続けていくので、放っておくと大変なことに！　見直す日を決めて、箱にラベルを貼っておきましょう。

　また、チラシやカタログ、クーポン類をため込みがちな人は、本当にとっておく必要があるかを見直すチャンスです。使う予定がはっきり決まっていないなら、使わない可能性も高いので、処分を考えてください。

## ● 書類早わかり分類表

時間のかけすぎは禁物！　以下の表を参考に、スピーディに分類していこう。

| | |
|---|---|
| DM、カタログ ➡ | 興味のあるものだけ保管し、興味のないもの、有効期限の切れたものは処分 |
| 領収書、レシート ➡ | 確定申告用、返品・交換用は保管。家計簿をつけないなら、すべて処分してOK |
| カード・公共料金明細 ➡ | 直近の明細のみ保管。家計簿をつけないなら、金額をチェックした時点で処分 |
| 説明書、保証書 ➡ | 使用中の家電の説明書、保証期限内の保証書は保管。それ以外はすべて処分 |
| チラシ、割引クーポン ➡ | よく行くショップの、期限内のもののみ保管。当面行く予定のないショップのものは処分 |
| 保険などの証書 ➡ | 保険の加入期間内のもののみ保管し、過去の証書は処分。ただし年金関連の書類は残す |

## step 3 「減らす」(3分)

# 再入手できないもの以外は、すべて処分

### 基準を甘くすると、書類の量は増え続ける

必要な書類と不要な書類、一時保管書類の3つに分類したら、不要な書類を処分します。

必要書類より、一時保管書類のほうが多いようなら、もう一度分類を。判断の後まわしばかりでは、結局いつまでも片づきません。一時保管書類の中に、捨てられるものが残っていないか、よく見直しましょう。

なかなか減らせないときは、再入手が可能かどうかを判断基準にしましょう。捨てた後で必要になったとき、パソコンで閲覧したりダウンロードできるもの、再発行が可能なものなら、とり返しのつかない事態にはなりません。

### ● 迷ったときの CHECK LIST

紙ものの判断に迷ったら、このリストをチェック。3つ以上該当したら、一時保管扱いに。

- □ それがないと、進行中の仕事や生活、何かの手続きに支障がありますか?
- □ ここ1ヵ月のあいだに、それを活用する機会がありましたか?
- □ 必要なときに、すぐにとり出せる場所に保管してありましたか?
- □ 処分後、使う必要が出てきたときに、二度と入手できないものですか?
- □ 同様の情報を、インターネットから得ることはできませんか?
- □ 部屋に飾っておきたいくらい、気に入ったデザインのものですか?
- □ 思い出が詰まっていて、見るだけで楽しい気分になれるものですか?

## step 4 「戻す」(2分)

# 1ヵ所にまとめ、新しいものを手前に置く

### 書類が循環していくしくみをつくる

手元に残した必要書類、一時保管書類を戻し、余裕があればその日のうちに、なければ翌日以降に整頓します。

整頓のコツは、使いやすさと捨てやすさを両立させること。

たとえば冊子タイプのクリアファイルに、1ページ目から書類をしまっていくと、古い書類がいつまでも手元に残りがちです。古いものをどんどん捨てられ、新しいものがつねに手前にくるように整頓し、書類を循環させましょう。

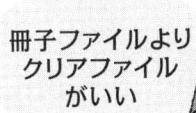

ジャンル別の分類は、こまかすぎると処理が煩雑になるので、目的に応じた大まかな分類でかまいません。

### ● 使いやすさ、捨てやすさを考えて収納

ジャンルごとにラベリングしたクリアファイルに入れ、箱にまとめると便利。余分な場所をとらない蛇腹式ファイルもおすすめ。

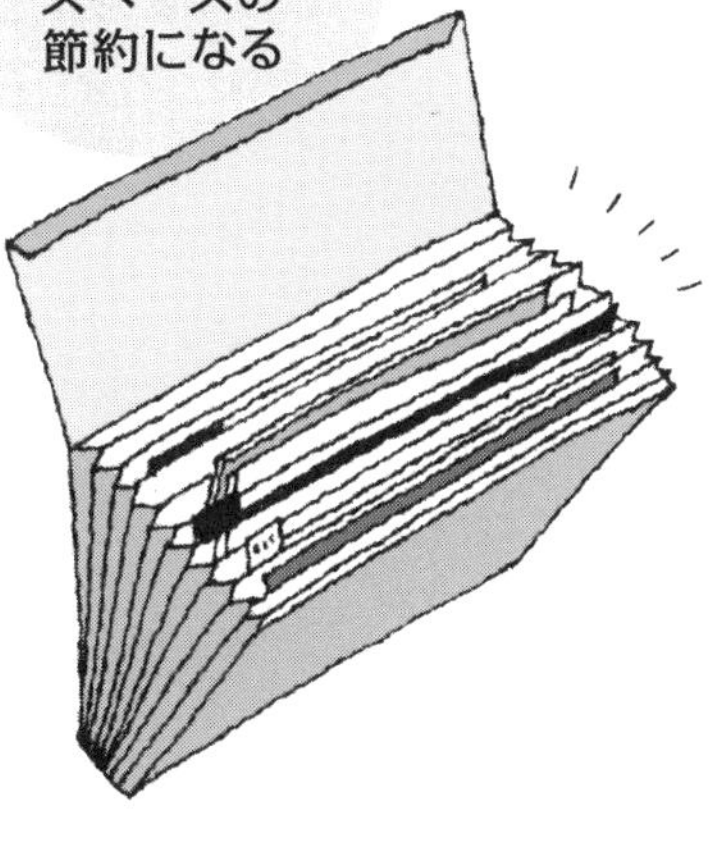
蛇腹式なら、スペースの節約になる

冊子ファイルよりクリアファイルがいい

step up

# 「キレイ維持ルール」

# ムダな書類はもとから絶つ!

## 目的を考えれば書類量はもとから減らせる

書類の中には、ほしくないのに届くもの、渡されてしまうものも多くあります。片づけの手間を省き、ムダなゴミを増やさないために、もとから絶つことも考えましょう。

ショップの包装紙や袋類は、店頭で断ればゴミを増やさずにすみます。フリーペーパーや割引クーポンなども、無料だからといって、むやみに持ち帰らないようにしましょう。

郵便で届くDM、カタログ類は、一度受け取り拒否の連絡をすれば、届かなくなります。

また、気になる情報、雑誌の切り抜きなどは、紙ではなくパソコンで情報管理するといいでしょう。

## ● 紙ゴミを減らすための3つのルール

「入り口はせまく、出口は広く」が片づけの基本。自宅に持ち込む紙の量を制限しよう。

### 1 もらわない

フリーペーパー、クーポン、ショップの包装紙や袋、普段行かない店のポイントカードなど。ゴミ箱行きになる可能性の高いものは、はじめから家に持ち込まない。

### 2 発送を拒否する

不要なDM、通販カタログは、開封せずに「受け取り拒否」と書いて署名捺印し、ポストに入れると返送される。または発送元に直接連絡し、発送を断る。

### 3 パソコンを活用する

カードの明細類は、オンライン明細を利用すると、ムダな書類が減らせる。行きたい店のデータなど、ネットで手に入るような情報も、すべてパソコンで管理。

column

## 仕事にも役立つ!

# デスクの書類整理術

自宅で仕事をする習慣がある人も、オフィスのデスクが散らかって困っている人も必見! デスクまわりの書類整理テクをマスターすれば、効率よく、ムダなく仕事ができます!

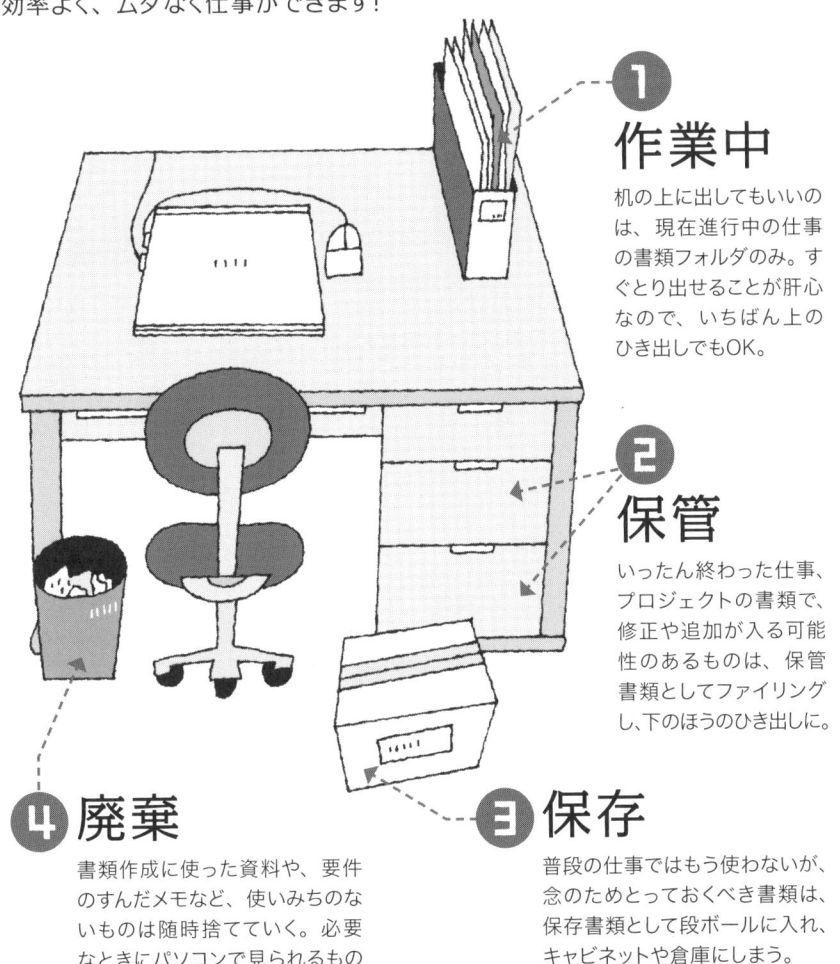

### 1 作業中

机の上に出してもいいのは、現在進行中の仕事の書類フォルダのみ。すぐとり出せることが肝心なので、いちばん上のひき出しでもOK。

### 2 保管

いったん終わった仕事、プロジェクトの書類で、修正や追加が入る可能性のあるものは、保管書類としてファイリングし、下のほうのひき出しに。

### 3 保存

普段の仕事ではもう使わないが、念のためとっておくべき書類は、保存書類として段ボールに入れ、キャビネットや倉庫にしまう。

### 4 廃棄

書類作成に使った資料や、要件のすんだメモなど、使いみちのないものは随時捨てていく。必要なときにパソコンで見られるものも、処分する。

本棚

step 1　「出す」(2分)

# あふれている本から片づけをスタート

## 本棚を増やしても問題は片づかない

お気に入りの本や、仕事で必要な本を読みたいときに、すぐにとり出すことができますか？　探すのに20分も30分もかかる、ということはないでしょうか。

もしそうなら、必要以上に本を多く持っている可能性大。本棚の大幅な片づけが必要です。

本棚に入りきらないほどの本があると、つい本棚を増やそうとしがちですが、これはNG。収納スペースを増やしても、本が際限なく増え、部屋が倉庫のようになるだけです。

「厳選された本棚」をめざして、まずは本棚からあふれている本から、手をつけていきましょう。

### ● はみ出し本から手をつける

本棚からあふれている場合は、床置きされている分（❶）から手をつけ、❷棚の上の本、❸横に押し込まれた本、❹縦に収まっている本、の順に片づける。

step 2 「わける」(7分)

# 中身は読まず、使用頻度でわける

## 本当に価値のある本だけに囲まれて暮らす

本を分類するときに、1冊ずつ中を開いていると、いつまでも片づきません。過去1年で手にとったかどうかの使用頻度を基準に、できるだけクールに分類していきましょう。

ただしすぐに読み返したい本や、思い入れがつよく、あるだけで幸せな気分になれる本なら、残しておいてかまいません。逆に「いつか読み返したくなるかも」という程度なら、処分グループに分類してください。

雑誌の場合は、より基準を厳しく。情報の古いものは、今後読み直す機会も少ないはずです。

自分にとって本当に価値のある本だけを、厳選して残しましょう。

## ● 本・雑誌の分類 CHECK LIST

迷ったときはこのリストをチェック。3つ以上「イエス」と答えられなければ、処分を考える。

- □ その本（雑誌）を、この1年で手にとりましたか？
- □ その本（雑誌）を読み返す時間が、この先1〜2ヵ月でありそうですか？
- □ サイン本、初版本など、手に入りにくい希少なものですか？
- □ 図書館には置いていないものですか？
- □ 手放した後、もし読みたくなったときに、二度と買えないものですか？
- □ 現在ついている仕事で、使う機会のあるものですか？
- □ 誰かからの贈りものなど、思い入れのあるものですか？
- □ 手元にあるだけで、心が豊かになるようなものですか？
- □ 新しい本が入るスペースを減らしてでも、どうしても残しておきたいものですか？

## step 3 「減らす」(4分)

# はみ出し本が多い人は、½を目標に処分

### 新しい情報、価値を入れるスペースを

本を減らして片づける目的は、美観や使い勝手のよさだけではありません。これから出会う素敵な本、役立つ情報のために、スペースを空けておくことも大事な目的です。

そのためには、本棚からはみ出ない程度まで減らすだけでは不十分。本棚の⅕くらいは、新しい本のために空けておくのが理想的です。本棚以外に、床置きの本も多くあるようなら、蔵書量を半分にするくらいの気持ちで減らします。読書量が多い分、新しい本が次々に増えていく可能性が高いからです。

空いた部分には観葉植物を置くと、いつでも動かせるので便利です。

## ● 本やマンガはこうして処分

本やマンガをゴミとして捨てるのに抵抗があるなら、売る、ゆずるなどの方法を考えて。

### 1 売る

ブックオフなどにひきとりを依頼するか、ネットオークションにかけると、早く処分できる。希少価値のある本で、時間はかかっても高く売りたい場合は、Amazonへの登録もおすすめ。

### 2 ゆずる

同じ趣味の友人、知人がいれば、ただでゆずると喜ばれる。とくにダイエット本、料理本などの実用書は、誰にあげても喜ばれる可能性が高い。中がキレイかどうかだけは確認しておこう。

### 3 寄付する

地域の図書館や、自治体が運営する児童館、地域センター、学校などで、本の寄付を募っている場合も多い。たくさんの人に手にとってもらえる可能性がある分、処分後の満足感も高い。

step 4 「戻す」(2分)

# 分類はせず、そのまま棚にしまう

## 著者別の分類などは別の日におこなう

残すと決めた本を戻すときは、何も考えずに、端から戻していきましょう。小説もマンガも雑誌も、入り交じった状態でかまいません。

著者別にわけたり、カバーの色、背の高さなどでキレイに並べたくなるかもしれませんが、整頓は別日程のほうがベター。部屋中本だらけになって、作業がいつまでも終わらなくなるからです。

いったんすべて戻してみて、スペースが足りないか、ちょうど収まるくらいなら、まだ減らし足りない証拠です。P77のチェックリストを参考に、もう一度分類・処分の作業をおこないましょう。

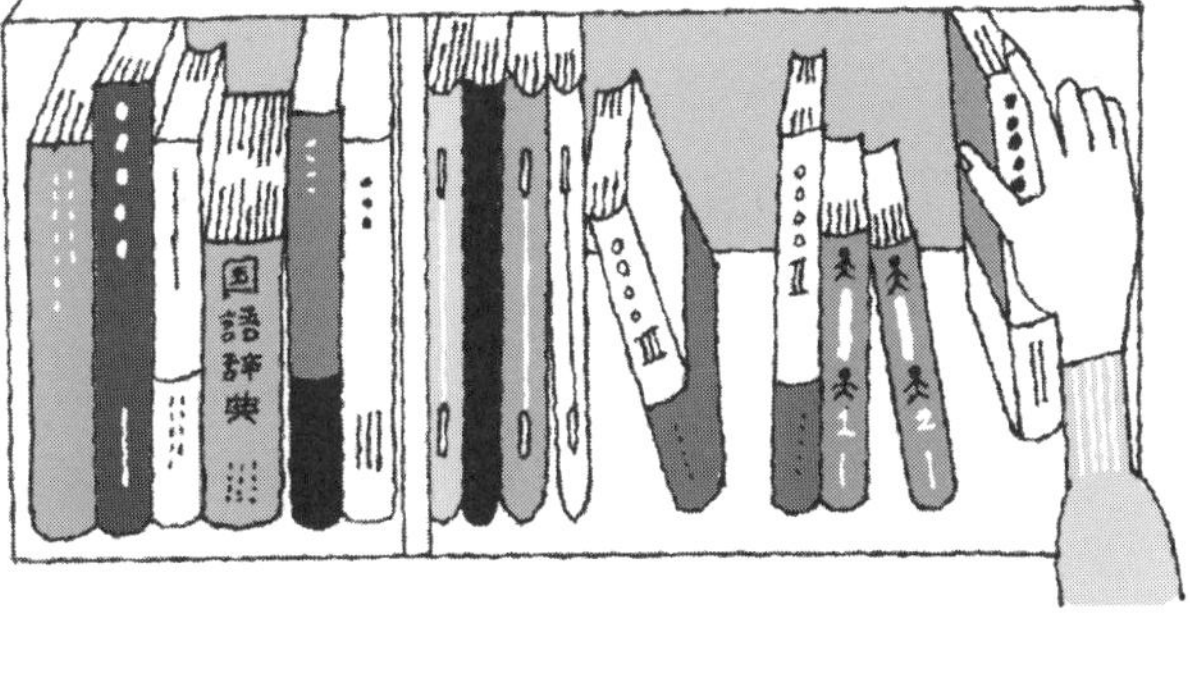


### ● 雑誌もマンガも混ざっていてOK

一度戻してみないと、ちゃんと減量できたかどうかわからないことも多い。ジャンルも大きさも考えず、とりあえず戻すことが先決。

step up

「整頓する」

# 図書館式に並べ、キレイに見せる

## 探しやすく、美しい本棚をめざす

本棚の整頓時には、本棚の位置そのものも見直しましょう。

本棚が1部屋に収まらず、各部屋に分散していませんか？　本棚はできれば1ヵ所、自室か書斎に限定して置きましょう。自室も書斎もない場合は、リビングでもかまいません。寝室に置くのは、ホコリの原因になるので避けましょう。

棚を整頓するときは、本の手前の位置を揃える「図書館方式」がおすすめです。必要な本が探しやすく、見た目もキレイになります。仕事で使う本とプライベートの本は、目的も使用頻度も異なるので、わけて収納したほうが使いやすいでしょう。

### ● 手前を揃えて並べるとキレイ

本の手前の位置を揃えて並べると、タイトルが見やすく、必要な本が探しやすい。さらに見た目にこだわるなら、高さも揃える。

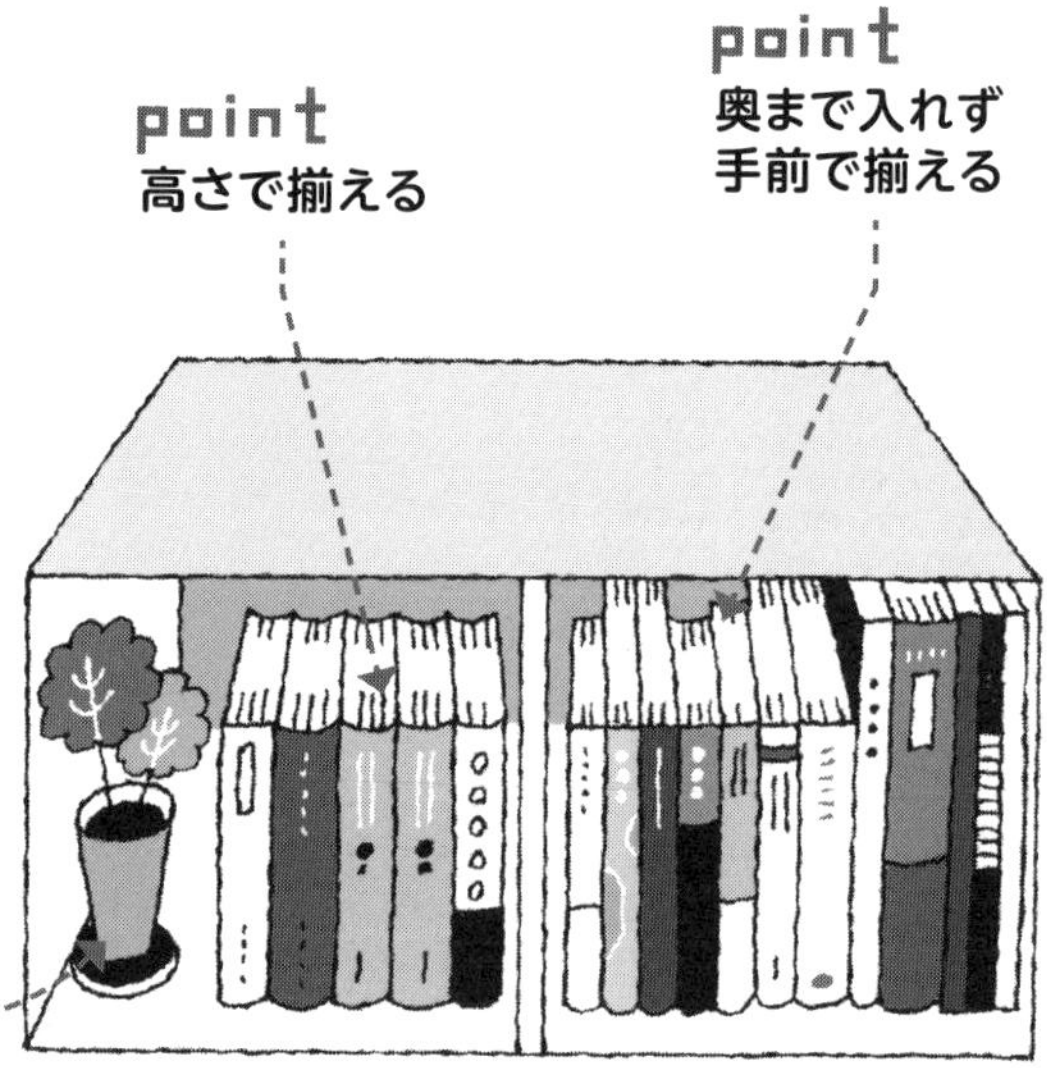
point
空きスペースには
観葉植物を

step up

# 「キレイ維持ルール」

# 増えすぎる前に、こまめに減らす

## 月1回の「在庫チェックデー」をつくる

本やマンガをよく読む人は、蔵書を見直す「在庫チェックデー」を、月に1回くらい設けるといいですね。もう読み返さなくてもいい本は処分し、とっておきたい本があるなら、その分古い本を数冊処分します。

つい最近読んだものなら、大切にとっておきたいかどうか判断しやすいので、それほど時間もかかりません。雑誌を毎月買う人も、月1回をめやすに整理していきましょう。

「時間のあるときに読もう」と思っていた未読雑誌があれば、すぐ読むか、処分するかを決めます。「そのうち」「いつか」は、散らかりの原因になるので、即断即決が基本です。

## ● 雑誌も本も、1ヵ月ごとに見直そう

切り抜くつもりの雑誌は、1ヵ月切り抜かなければ、処分を検討。また、読書量が膨大な人は、読み終えた本を棚の右側に入れていく方法も。読む頻度の低い本が左に集まり、整理が簡単に。

例2

**読み終えた本は右側に戻す**

例1

**1ヵ月切り抜かなければ、処分**

column

# 玄関をスッキリさせて運気up!

玄関が散らかっていると、お客様を迎えるときにはずかしいもの。
風通しのよいスッキリ空間にすると、運気もよくなります。

## 入り口にモノが少ないと よい運気が入りやすい

玄関の散らかりの最大の原因は、靴です。靴は、週に1回以上履いているものとそれ以外にわけ、頻繁に履いているものだけを靴箱にしまいましょう。ガーデニング用の長靴など、限られた用途の靴は、別の場所に収納。ほとんど履いていないものは、処分を検討してください。

靴箱の上の飾りもの類は、少なくしたほうが美しく見えます。厳選して1つだけを置くといいでしょう。

玄関は、よい運気をとり込むための大切な場所です。「最近ぱっとしないな」と思う人は、まずは玄関の片づけで、環境を変えてみるといいかもしれません。

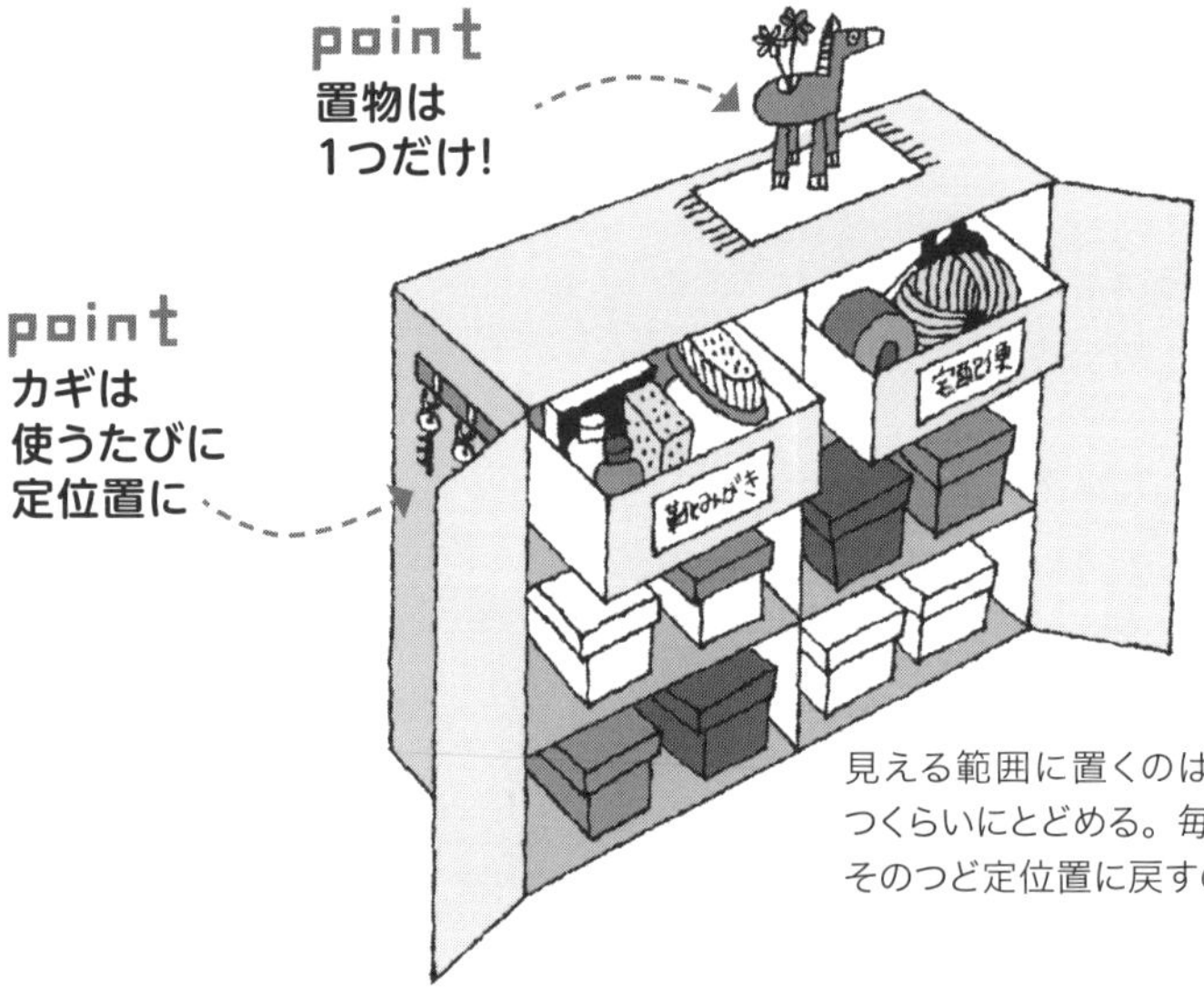
point
置物は1つだけ!
point
カギは使うたびに定位置に
靴みがき

見える範囲に置くのは、飾りもの1つくらいにとどめる。毎日使うものはそのつど定位置に戻すのがルール。

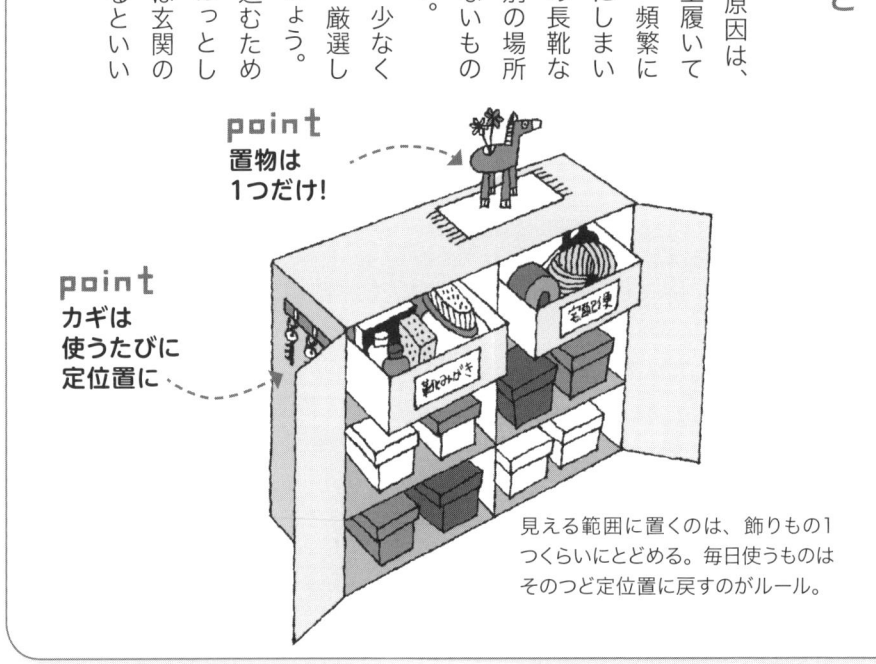

お部屋別
テクニック

# Part 3

# キッチン

キッチンが散らかっていると、
毎日の料理が億劫になったり、また、
来客の目にふれてはずかしい思いをすることも……。
使い勝手がよく、
いつも気持ちよく使える状態をめざして、
冷蔵庫も調理台もいったんリセットしましょう!

ある日曜の午後
晩ごはんどうするー？
うーん……
夫婦仲良くヨガタイム中
ぐぐぐ ぐぐ…
パ、パスタなんてどうかな
ミートソースがいいな
ミートソースパスタか――
うんうん、なんか料理上手な女ってかんじする
ミートソースを多めに作っといて冷凍しとけば平日に帰りが遅くても晩ごはんがすぐ作れちゃうよね
グラタンにしたりパンにのせてピザ風にしたりアレンジしてほかのレシピも作れちゃう
いいかも～♪
ほら見て！
"ハトのポーズ"だよ。
①フードプロセッサーを出します
手早く本格的に
みじん切りができちゃうスグレモノ!!
②コードを差します
えーっとコンセントは…と。
③タマネギを1/8くらいの大きさにカットしましょう
フフフ～ン♪
トントントントン

④タマネギを投入します
ガッ!
オーマイ
あらら??
——って
刃が入ってない!
こんなの
ない
ここは!?
ガタタタッ
ない
ここか!?
バターン
ない
ここも!?
やっと……発見!
なんでこんなとこに…?
ハッ、形が似てるから!?
シフォンケーキの型
気づけば30分以上経過……
ゼーハー
ゼーハー
こんなことなら包丁で刻んだほうが早かったかも……

⑤気をとり直して再開
ソースを煮込みましょう
まだー？
ぐつぐつぐつ
ぐつ
さてと……
ソースはいい感じ
そろそろパスタを
ゆで始めようかなっと
あ、
去年買った
パスタパン
使っちゃおうかなー♪
まだ1回しか使ってないし…
パスタパンを
とり出そうとしたら――
ああああああっ
何かのフタ
フライパンのフタ
ナベのフタ
ガラガラガッシャー!!!
トングを使って
ソースと和えようとしたら――
ここなんですけど…
どこにあるのー!?

もー はしでいいや！
そして1時間半後――
できたよー
いただきまーす！
うん、うまい！
ズズズーーッ
そりゃよかった
でもね……
キッチンはこのありさま……
片づけ手伝ってくれる…？
う、うん…
おひさしぶりです…
いろんな調理器具とか食器とか持ってるけど……ほんとに意味あるのかな？
パスタパンだってトングだってなくて困るものかな？
出番少なくて…
決めた！
キッチンまわりもリセットだ！
ほかで代用できる道具とか使ってない食器とかとにかくモノを減らさなきゃ！
うおおお

冷蔵庫

step 1 「出す」(2分)

# 1スペース分の食品を外に出す

## 「今日は野菜室だけ」などスペース限定で片づける

冷蔵庫の明るさは、整理整頓のバロメーター。ライトの光が隠れていて全体に暗くなっているようなら、モノの詰め込みすぎです。

冷蔵庫は、食品をおいしく食べるために、一時的に保管する場所です。つねに食品を買いだめし、倉庫のように使っていると、電気代の浪費にもなるので気をつけましょう。

すでにモノが詰まっている状態なら、スペースを4～5分割して、片づけにとりかかりましょう。

片づけると決めたスペースのモノは、一度すべてテーブルに出してください。空になったスペースを、キレイに掃除することも忘れずに!

### ● ぎゅう詰めの場合は5回くらいにわける

一度に着手すると、食品がいたんだり、溶けたりするので注意。❶扉内側、❷冷蔵室上段、❸冷蔵室中・下段、❹野菜室、❺冷凍室、というように、分割しておこなう。

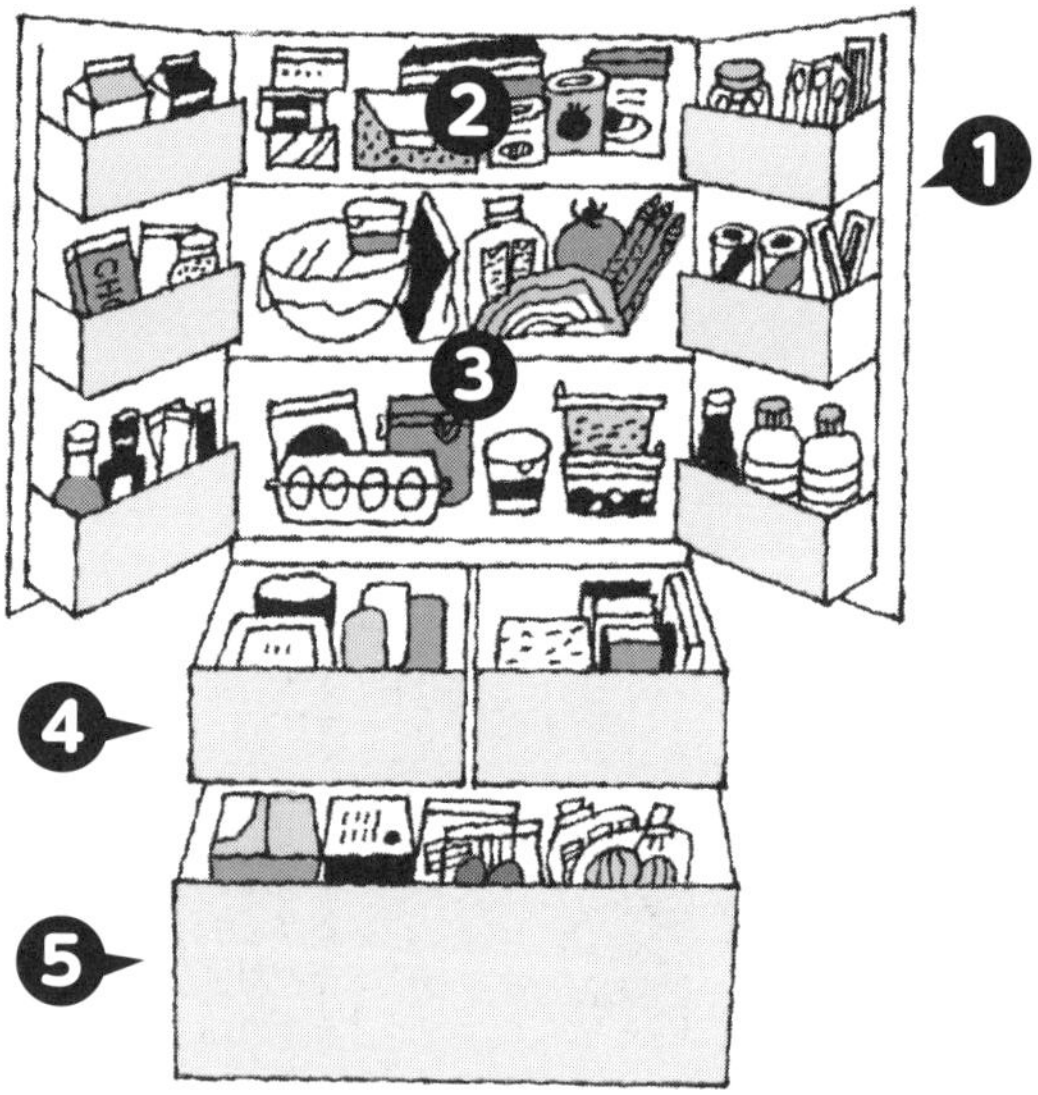

step 2 「わける」(6分)

# 賞味期限を見て2つにわける

## 「食べられる／食べられない」なら判断しやすい

冷蔵庫の片づけは、ほかのスペースに比べ、比較的スムーズに進むはず。食べられるかどうかで、モノを簡単にわけられるからです。

賞味期限を見ながら、食べられるもの、食べられないもの、2つの山にどんどんわけていきましょう。手づくりの保存食品は、保存した時期と、見た目やニオイで判断します。

扉内側には、麺類に付属のスープ、納豆に付属のからしなど、「いつか使うかも」というおまけ食品が入っていることも。でも、新しく買った食品には、新しいスープやからし類がついています。使いみちはないとあきらめて、すべて処分しましょう。

### ● テーブルの上で2つの山にわける

食品もその他もすべて、食べられるかどうかで分類。調味料は賞味期限だけでなく、開封してから時間がたっていないかをチェック。

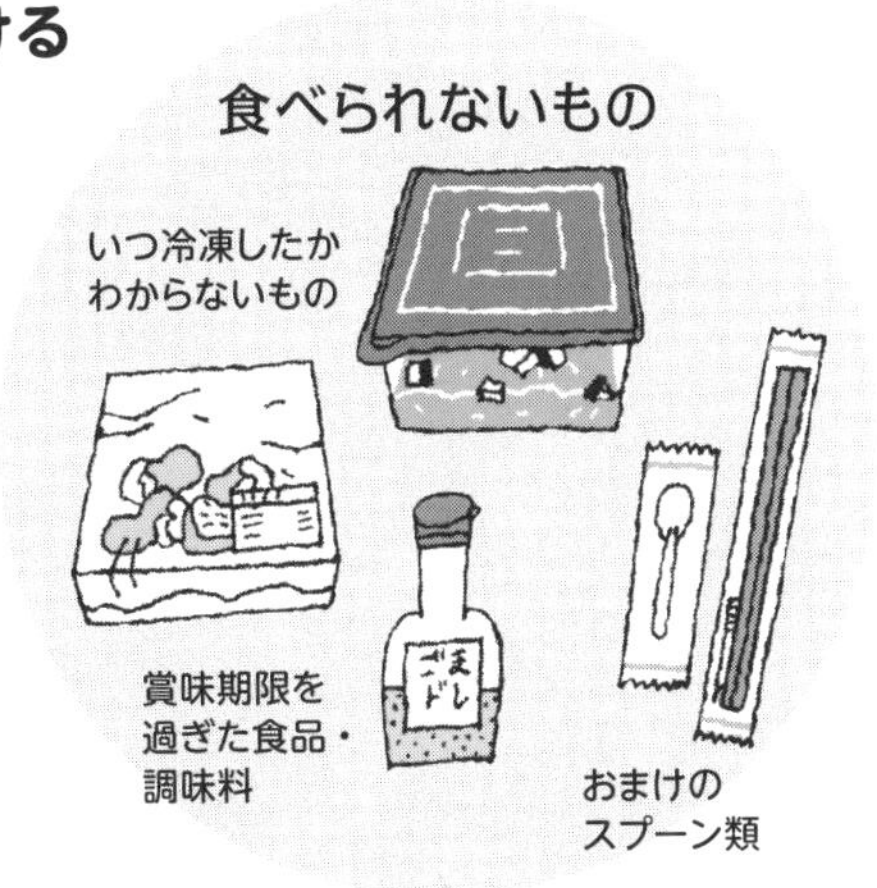


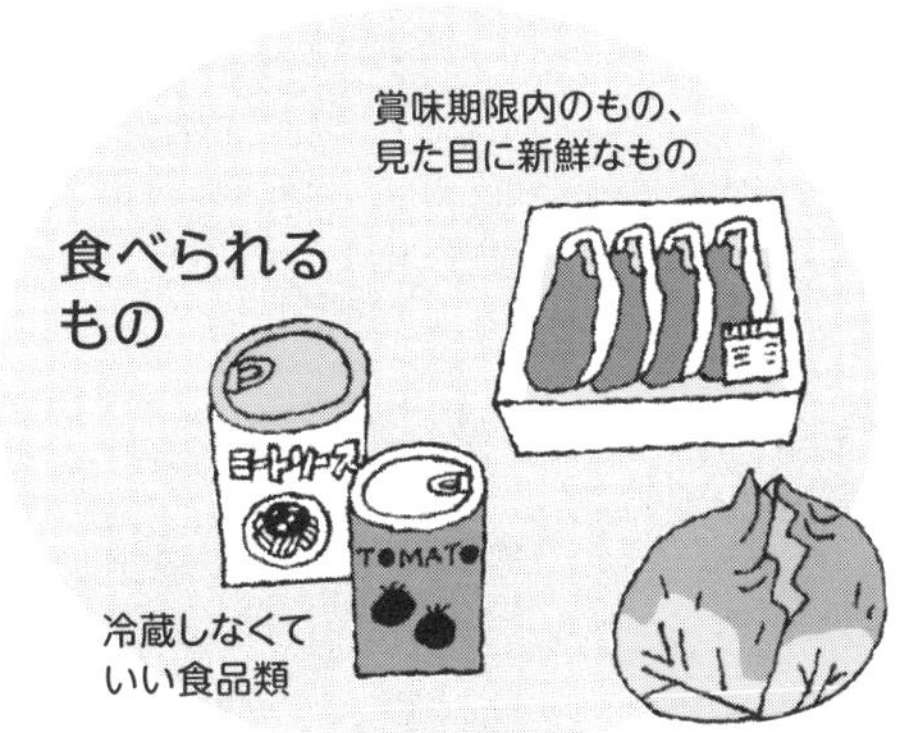

step 3 「減らす」(5分)

# 食べられないものは、迷わず処分!

## 捨てかたに迷ったら自治体のHPをチェック

賞味期限を過ぎた食品、いたみかけの食品は、すべて処分します。

食品の中には、油やドレッシングなど、捨てかたに迷うものが少なくありません。容器も、燃えるかどうかだけでなく、資源ゴミになるものとならないものにわかれます。

自治体ごとに捨てかたが違ったり、方法が変更になる場合もあるので、まずは自治体のホームページやパンフレットで確認してください。

プリンのおまけのスプーンなど、食べられないものも、すべて処分します。スプーンやストロー類はできるだけレジで断り、家にゴミを増やさないようにしましょう。

## ● 調味料、缶詰類の処分のしかた

液体や缶詰、瓶詰は、捨てかたで迷いがち。以下の捨てかたを参考にしてみよう。

＊下記は東京都品川区の例（2010年3月現在）です。念のため、各自治体の規定を確認してください。

### 液体調味料

油を含まないもので、家庭で使う程度の量なら、下水に流してOK。油を含むものはキッチンペーパーなどに含ませて袋に入れ、可燃ゴミに。固形物を含むものは、濾《こ》して捨てる。

### 油

キッチンペーパーや古布に含ませてから袋に入れ、可燃ゴミとして処分。油を固めたり、吸わせて捨てる、市販の凝固剤を使ってもいい。少量でも、下水には流さないように注意したい。

### 缶詰、瓶詰

未開封のものもすべて開け、液体は下水に流し、固形物は可燃ゴミとして処分。油を多く含む液体は、キッチンペーパーに吸わせてから。容器の缶、瓶は中を洗い、資源ゴミに出す。

## step 4 「戻す」(2分)

# 食べられる食品だけを、元の位置にしまう

### 庫内が明るく、見通しがよくなっていればOK

食べられる食品だけを、元のスペースに戻します。夏は短時間でも食品の鮮度が落ちやすいので、15分以内にスピーディに片づけ、元に戻すようにします。

戻した後、暗かった庫内が明るくなり、奥の食品も見渡せるようになっていれば完璧です！

食品を買いだめする習慣のある人の中には、買ってきた食品をどんどん詰め込む人もいます。

でも、奥に押し込まれた食品は確実に忘れ去られ、いつか捨てられる羽目に……。空きスペースがある片づけ後の状態を、普通の状態として記憶しておきましょう。

**● 整頓はせずに、とりあえず置く**

あった場所にそのまま戻す。ただし缶詰や油など、本来冷蔵庫にしまわなくてもいいものは、乾物類と同じスペースにしまう。

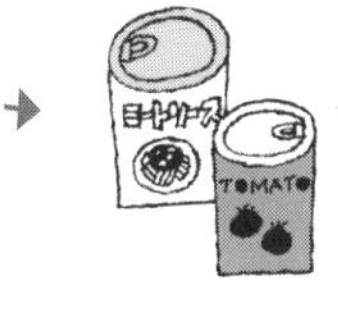

step up 「整頓する」

# 賞味期限の近いものを手前に置く

## 冷蔵庫の奥行きをいかして収納する

冷蔵庫は押し入れ同様、奥行きのある収納スペースです。奥行きをうまくいかすことが、冷蔵庫の整頓のコツといえます。

ほとんどの冷蔵庫は、ケースやトレイをひき出して使えるようになっています。奥のほうに入れた食品も、ひき出しさえすれば、難なくとり出せるはず。スムーズにひき出すためにも、モノをぎゅう詰めにするのは避けたいところです。

奥のほうには、賞味期限に余裕があるもの、使用頻度の低いものをしまうのが基本です。手前には、早めに食べたほうがよいもの、朝食などで毎日食べるものを置きましょう。

### ● 急ぎのものほど、目につく位置に！

買ってきたものをしまうときにも、賞味期限を見て、しまう位置を決める。早めに食べきりたいものは、すぐ目につく位置に置こう。

point
賞味期限の長いものは奥に

point
トレイはひき出して使う

step up

# 「キレイ維持ルール」

# 在庫チェックで ダブリ買いを防ぐ

## 何が入っているか ひと目でわかる工夫を

冷蔵庫が片づかない最大の原因は、買いすぎです。忙しくて買いだめせざるを得ない場合も、1週間で確実に食べきれる量にとどめましょう。

また、買ってきたものを把握できるしくみづくりも大切です。

冷蔵庫のドアに、買ってきた食品のレシートを貼っておくと、何が入っているかが一目瞭然。頻繁に買う食品については、簡単な在庫表をつくると、ダブリ買いを防げます。

冷凍室の場合は、作り置き食品がたまってしまうことも。いつ作ったものかをラベリングし、古いものは手前に収納。少なくとも1ヵ月以内には食べきるようにしましょう。

### ● レシートを貼っておくと在庫がすぐわかる

コルクボードなどを設置し、レシートを貼りつける。使いきったものにはチェックマークをつけておくと、残りものがひと目でわかる。

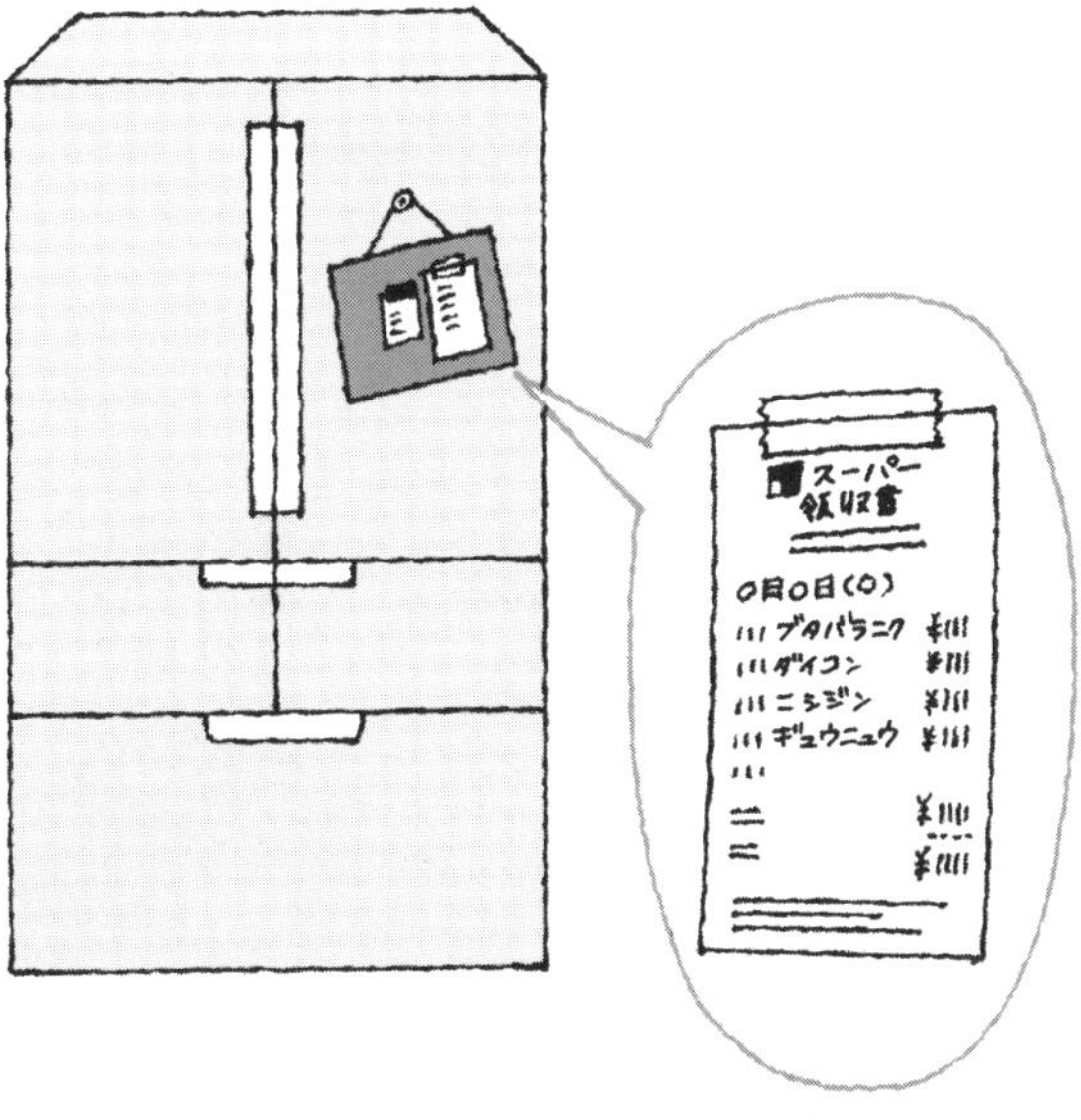

キッチン収納

step 1 「出す」(3分)

# 食器、調理器具、食材を出して並べる

## 全部とり出して中をキレイに拭いておく

キッチンの収納には、食器、調理器具、保存食品とさまざまなモノがしまわれるため、冷蔵庫以上に混沌とした状態になりがちです。

扉タイプの収納はとくに、奥に入っているものが見えにくく、とり出しにくいもの。

その結果、乱雑にモノが押し込まれ、何が入っているかがわからないうえ、掃除も行き届かないような状況に……。

モノをとり出して片づけるときに、中をキレイに拭いておきましょう。その分の時間も考えて、一度に片づけるスペースは、できるだけ細分化します。

### ● 収納の奥は、忘れ去られたものの宝庫

**乾物、缶詰類**

箱やカゴに入れていても、サイズも種類もさまざまで、混沌とした状況になりがち。

**食器**

引き出物の食器や客用食器、重箱など、普段は使わないものが場所をとっている。

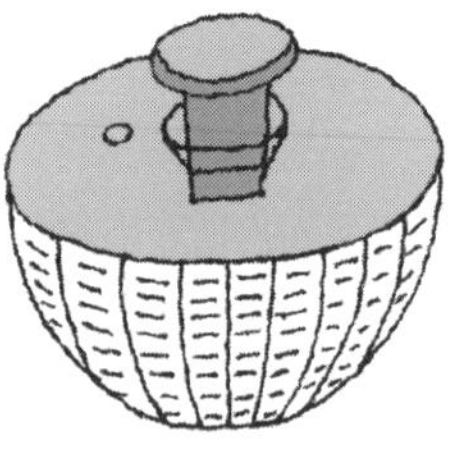

**調理器具**

サラダ用の水切りカゴなど、あってもなくてもいいものが意外と多い。

step 2 「わける」(5分)

# 食器と調理器具は、使用頻度でわける

## この1ヵ月で使っていないなら2軍落ち決定!?

調理器具や食器は、使用頻度をめやすに2グループにわけます。

調理器具も食器も、本来は使用頻度が高いはずのもの。

1ヵ月以内に一度も使わなかったものは、なくても困らない可能性が高いので、2軍に分類します。反対に、毎日使っているもの、1ヵ月以内に使ったものは1軍に分類してください。

また、缶詰や乾物などの保存食品は、「賞味期限が永遠」と錯覚しやすく、気づくと期限が過ぎていることがあります。賞味（消費）期限を見て、食べられるものと食べられないものに分類しましょう。

### ● キッチングッズの分類のめやす

### 調理器具&食器

**➡ この1ヵ月で使ったかどうか**

頻繁に使っているのは、じつはごく一部。ワッフルメーカーのように、めったに作らないメニュー用の器具は、2軍に分類。

### ストック食材

**➡ 賞味期限内かどうか**

乾物や缶詰類は、賞味（消費）期限が切れていても気づかないことが多い。期限をチェックし、過ぎているものは処分対象に。

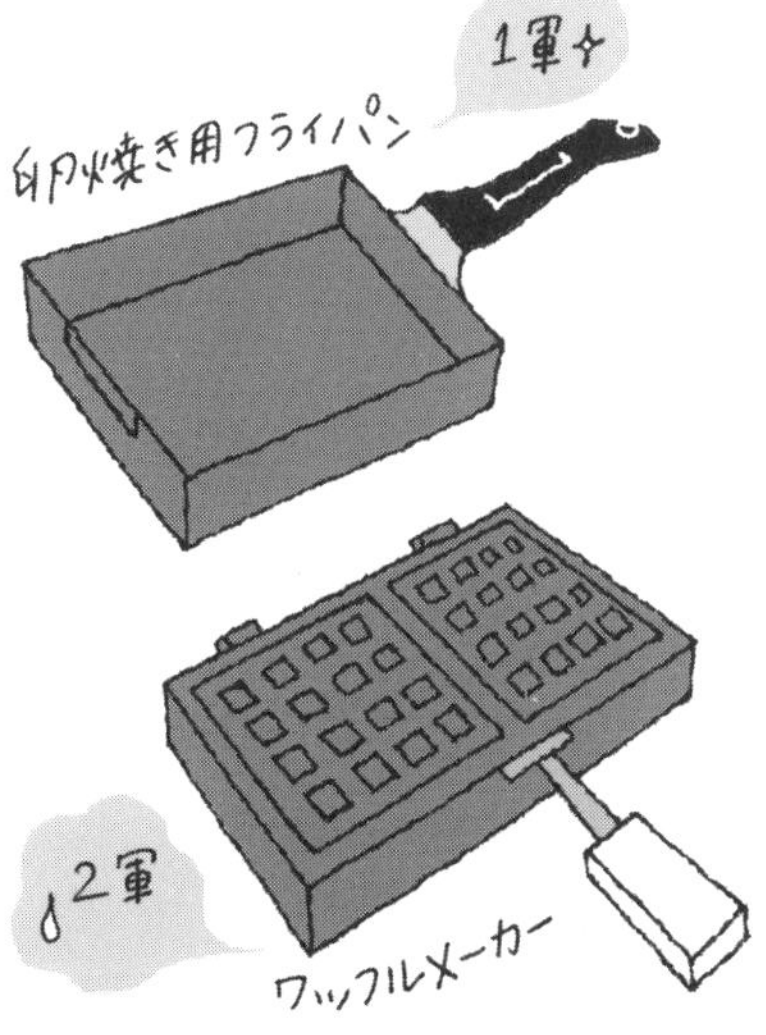

step 3 「減らす」(4分)

# 2軍アイテムを½くらいに減らす

## たくさん持っていても使うのはお気に入りだけ

1軍、2軍に分類してみると、じつは使っていないもののほうが多いと気づくはず。数をたくさん持っていても、使い勝手のよい調理器具や、どんな料理にも合う食器を、自然と選んでしまうからです。

2軍の食器や器具は、今後も出番のなさそうなものを選んで処分します。処分に迷うものはまとめて箱に入れ、あと1ヵ月だけ様子をみてもいいでしょう。その1ヵ月で使わなければ、あきらめて処分を考えます。

引き出物などの食器も捨てにくいものですが、使われなければ、モノとしての価値はありません。人にゆずるなどして、極力減らしましょう。

## ● 食器、グラス類の正しい捨てかた

新聞紙などにくるみ、「ワレモノ危険」と記入してから不燃ゴミに出す。間違えると回収業者がケガをしかねないので、注意しよう。

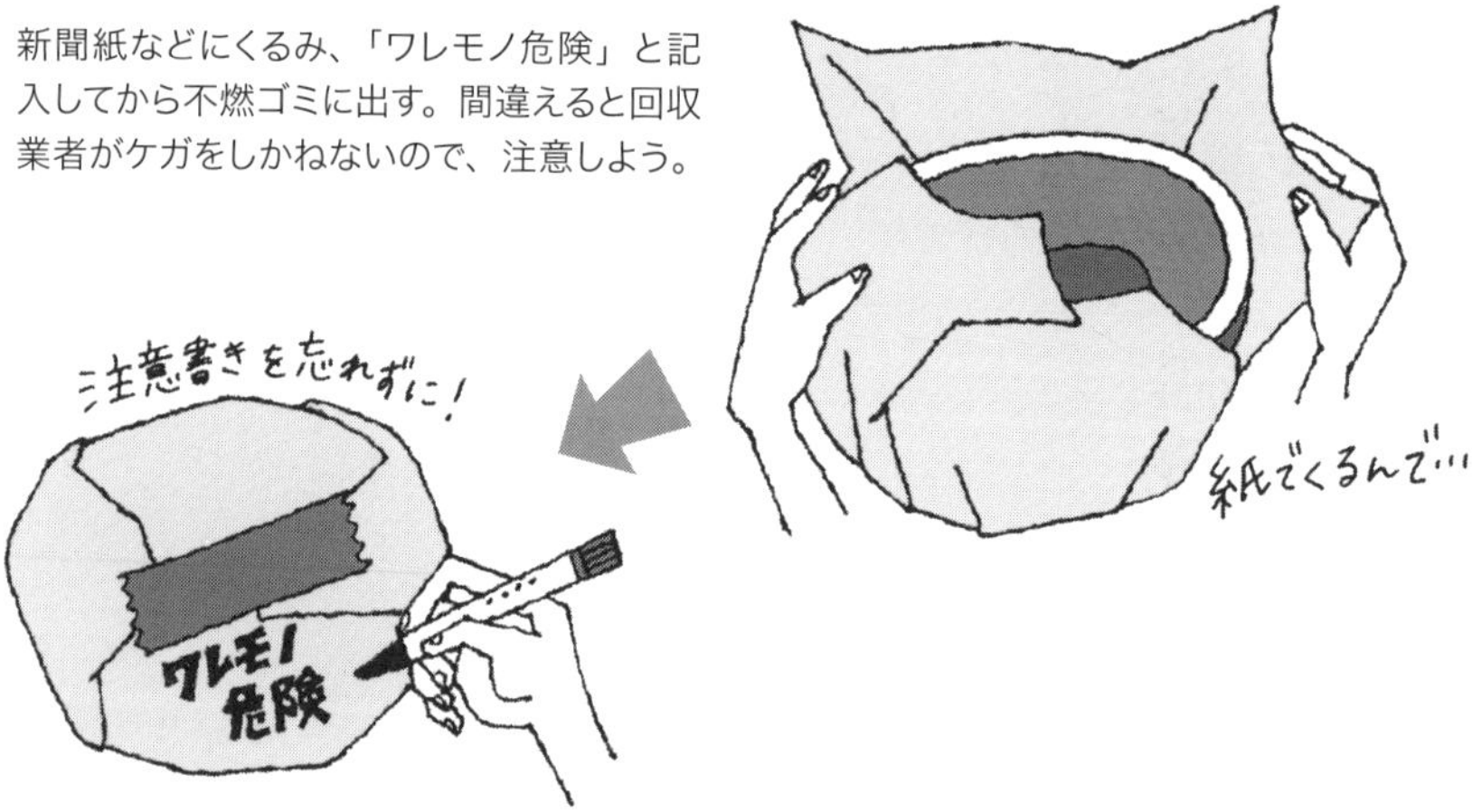

step 4 「戻す」(3分)

# 1軍、2軍ごとに収納棚に戻す

## 棚やひき出しがすべて埋まるのはダメ

1軍の食器や器具と、残しておきたい2軍ものだけを、棚やひき出しに戻します。処分に迷った2軍ものは、カゴなどにまとめて収納します。

戻した時点で奥までぎっしり埋まるようなら、まだ量が多すぎる証拠。必要なものをすぐにとり出せないと、片づけリバウンドの原因になります。使い勝手よく整頓するために、もう少し減量してみましょう。

## キッチン用品の買いすぎに注意

日本の家庭の台所グッズは、世界でも圧倒的なアイテム数を誇るといわれます。和食以外のさまざまな料理が家庭にも普及しているためです。

でも、特定の料理のためのグッズは、結局ほかのもので代用できる場合も多いようです。今後キッチン用品を買うときは、厳選して持つ感覚が大切。質のいいものだけを少なく持つほうが、モノを探すストレスから解放され、気持ちよく暮らせます。

column

### 棚を活用できない人の心理

モノがあふれて困っているのに、棚を十分活用できずにいる人がときどきいます。「しまい込むと、忘れるので不安」というのがその理由。定位置を忘れないようにラベリングを確実にすれば、そんな不安も解消できます。

step up

# 「整頓する」1軍を手前に、2軍を奥に並べる

## よく使うものほどとり出しやすい手前側に

キッチン収納は、棚よりもひき出し収納のほうが、キレイに使いやすく整頓できます。

いずれの場合も、よく使う1軍ものを、いちばんとり出しやすい位置に置くのが基本。1軍ものは手前に置き、2軍ものはその奥にしまいます。とり出しにくい高さの棚には、めったに使わないものを入れます。

食器をより見栄えよく、美しく飾りたい場合は、見た目で1軍、2軍に分類する方法もあります。こだわりの食器を厳選して1軍にし、残りはすべて2軍に。1軍ものはインテリア棚に並べ、2軍は普段用食器として、棚やひき出しにしまいます。

### ● こだわり度別・食器収納法

見た目にこだわるなら

厳選したものだけを、空間にゆとりを持たせて飾る。季節ごとに入れ替えても楽しい。

機能性を重視するなら

よく使う1軍食器を手前に置き、2軍は奥に。ディッシュトレイがあると、皿が出しやすく戻しやすい。

step up

# 「キレイ維持ルール」

# 食器も器具も、使うたびに定位置に戻す

## 定位置を忘れてしまうならラベルを貼っておく

食器や調理器具も、その他のアイテムと同様、使ったら定位置に戻すのが基本です。とくにフライパンなどの調理器具は、そのつど定位置にしまわないと、収納スペースがごちゃごちゃになるので注意しましょう。

慣れるまでは、棚やひき出しにラベルを貼っておきます。

お年寄りや子どもと暮らしている場合は、文字を大きくし、目立つ位置に貼ります。

箸、スプーン、フォークなどのカトラリー類、箸置きなどの小物類は、大まかな分類の収納でかまいません。使って戻すときに、面倒くささを感じない程度にわけて収納しましょう。

### ● 定位置を決め、使うたびに戻す

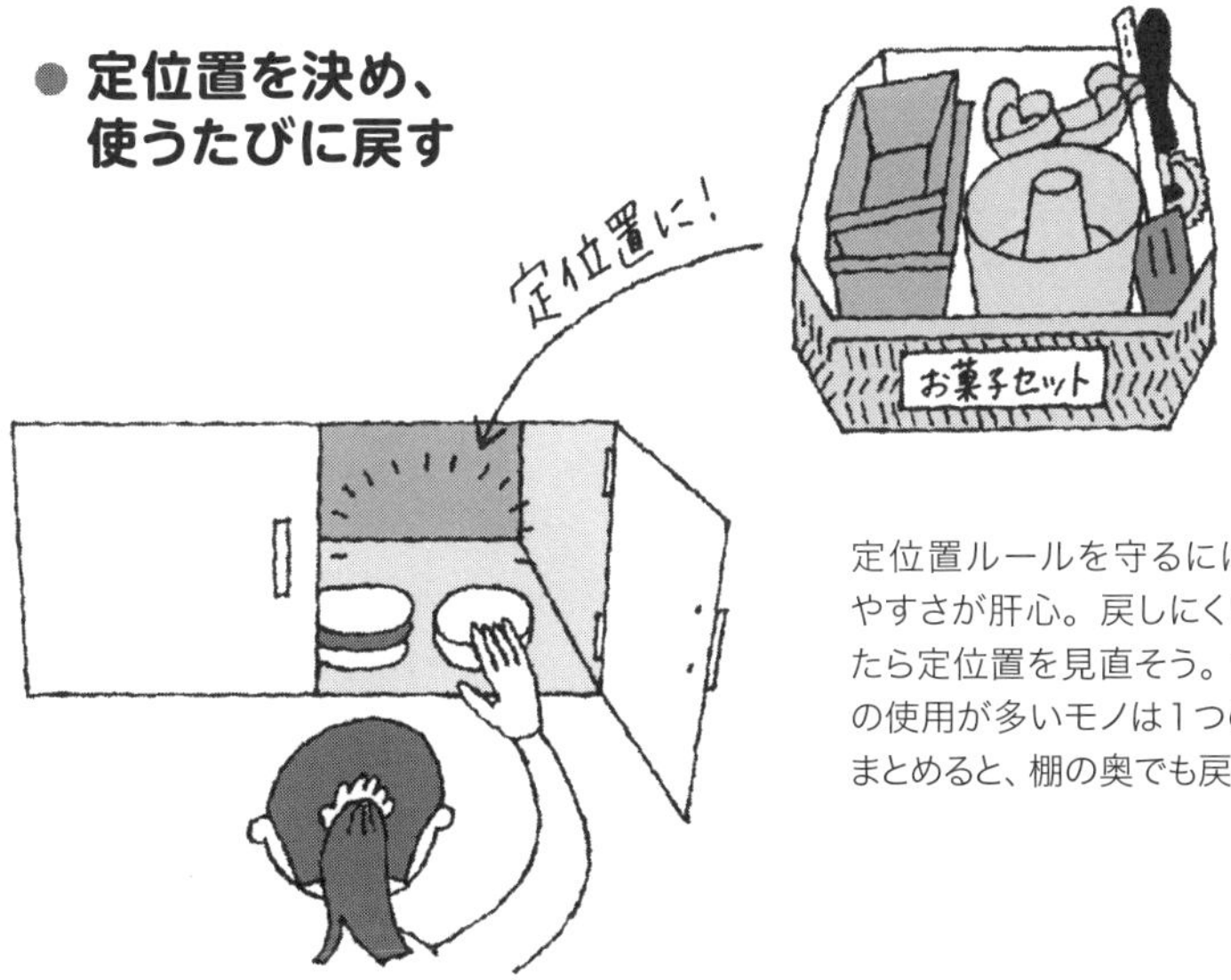


定位置ルールを守るには、戻しやすさが肝心。戻しにくいと感じたら定位置を見直そう。セットでの使用が多いモノは1つのカゴにまとめると、棚の奥でも戻しやすい。

# 調理台 & シンク

## step 1 「出す」(3分)

# はみ出し器具、食品を集めて並べる

**鍋つかみやハサミ、スパイス。雑多なグッズを整理する**

調理台、シンクまわりにモノが多いと、キッチン全体が散らかって見えます。目につくところには何も置かない状態を目標に、リセットする片づけをおこないましょう。

鍋つかみやキッチンバサミなどのグッズのほか、スパイスや調味料、紅茶の缶など、食品類が多く置かれている家庭もあります。いずれも、定位置が決まっていないために、なんとなく置かれたものばかりです。

まずは、グッズも食品もまとめて集め、テーブルの上に置いてください。モノが散らかっていて掃除が不十分だった場合は、調理台をいったんキレイに拭きましょう。

### ● 調理台にはこまかいモノが散らばりがち

定位置の決まっていない「はみ出しもの」がどんどんたまってしまう。この状態では、台を隅々まで拭くこともできず、不衛生！

## step 2.3 「わける」(5分)「減らす」(4分)

# 「使いみちが明確かどうか」を基準に

### 「いつか使えるかも」が散らかりの原因

定位置が決まっていないうえ、用途がはっきりしないものが多いことも、散らかりの原因です。

食品に付属の調味料や、プラスチックのスプーンなどは、使おうと思えば使えるものなので、なんとなく捨てられずにたまっていきます。

こうしたはみ出しグッズは、今すぐ使うものを除き、すべて処分グループに入れましょう。

また、飲まないのにもらってしまった、贈答品のコーヒーや紅茶もくせもの。「お客様が来たときに使おう」と思っているうちに、風味が落ちてしまうことも。よく飲む人にゆずったほうが、ムダになりません。

### ● いるもの以外は、捨てるかゆずる

**処分する**

使う予定がはっきりしないもので、人にゆずっても喜ばれないようなものは、すべて処分する。

**人にゆずる**

コーヒー、紅茶などの嗜好品は、飲まない人が持っていても意味がない。開封せず、よく飲む人にゆずろう。

step 4 「戻す」(3分)

# 収納の空きスペースに、いったんしまう

## シンクまわりをキレイにリセット

キッチンバサミや鍋つかみなど、処分せずに残したものは、すべて定位置を決めてしまいましょう。

鍋つかみならコンロのそば、ハサミや缶切りはひき出しのいちばん手前など、動線を考えて戻しやすい位置を決めます。

すべての定位置を決め、モノが何もなくなると、調理台を隅々まで拭けて、キレイな状態が維持できます。

シンクの中も同様です。

三角コーナーやスポンジ置きなど、食器以外のものが数多くあると、シンクを磨くときに邪魔になります。なくても困らないものは処分し、掃除しやすい環境をつくりましょう。

### ● モノがなければ掃除もラクになる

こまかいものが散らばっていると、よけるのが面倒で、掃除が雑になる。モノが何もない調理台が、基本の状態と考えて。

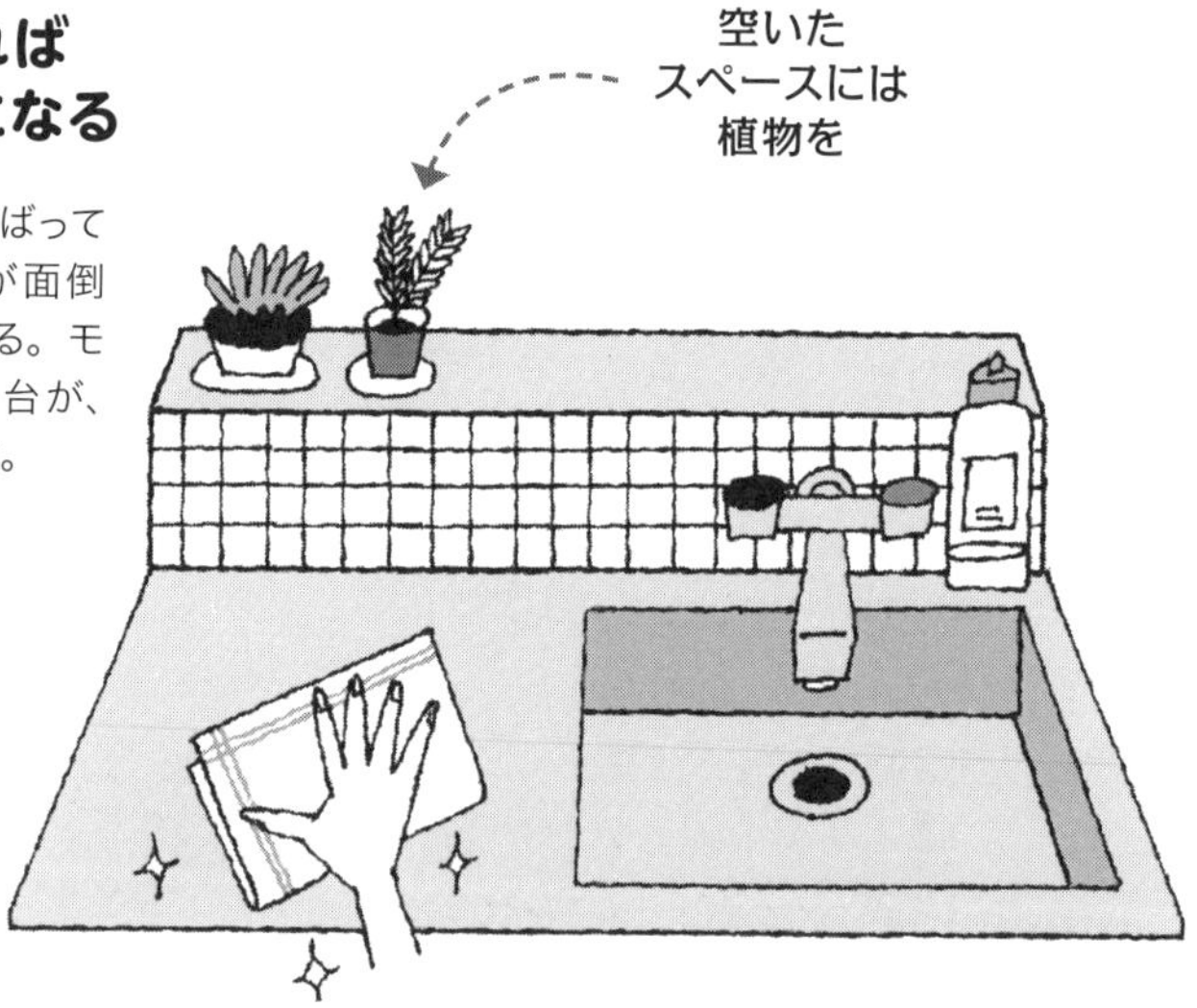

step up

# 「キレイ維持ルール」食後の新習慣を1つずつ増やす

## モノの放置や汚れはそのつどやっつける

仕事や育児、日常の雑務などに追われていると、ゆっくり時間をかけて料理する余裕もなくなるもの。

限られた時間で料理していると、調理台にモノが散らかりがちです。料理しながら、使い終えたものを適宜片づけるのが理想ですが、なかなかうまくできない人もいるのでは？

調理器具や調味料類が散乱する場合は、せめて「食後30分以内に片づける」ことをルール化しましょう。

食器洗いやシンク磨きも同様で、汚れを放置すると、作業がどんどん億劫になります。使うたびにすぐ洗い、拭く習慣をつけて、「ラクしてキレイ」を持続させましょう！

## ● シンクが汚れがちな人は……

### 例1 食器洗いは食後30分以内に

汚れた食器をためがちな人は、まず1日1回、食後30分以内に洗うことをルール化。21日間続けて習慣化したら、徐々に回数を増やしていく。

1日1回、夜洗う

↓

1日2回、朝と夜洗う

↓

1日3回、朝・昼・夜洗う

### 例2 食器洗い後はシンクをひと拭き

料理をした後、食器を洗った後は、シンクまわりを台布巾でさっと拭く習慣をつける。ほんのひと手間で、水垢がこびりつくのを防げる。

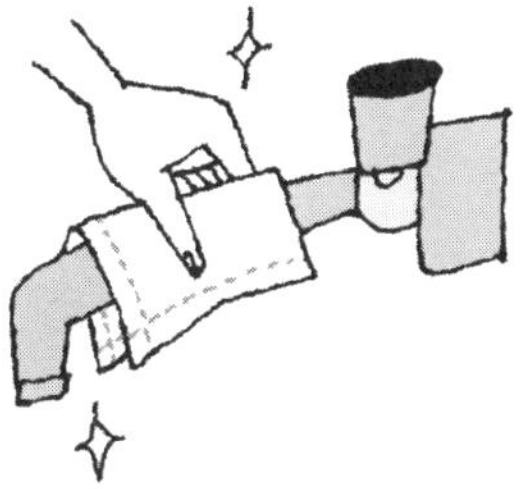

column

# 洗面所のキレイのコツは“ストック管理”

毎日使って汚れる場所だからこそ、こまめな掃除が必要です。
台の上のものを減らし、掃除しやすい環境をめざしましょう。

## ストック品が多いとスペースが死んでしまう

整髪料やドライヤー、歯磨き粉などが雑然と並んでいると、それだけで汚い印象を与えます。掃除がしにくくなり、水垢がたまる原因に。使うたびに全体をさっと拭けるような、モノのない状態が理想的です。

洗面所で使うケア用品は、すべてカゴなどに入れ、台の下の収納スペースにしまいましょう。

収納スペースにすき間がない場合は、あきらかにモノの抱えすぎです。

とくにシャンプーや洗剤類のストックには注意。いくら安くまとめ買いしても、スペースを死なせていては、お得とはいえません。ストック品は各1点程度までに抑えましょう。

point
**在庫は1アイテム1点まで**

家族のシャンプー、整髪料などのケアグッズは、1人分ずつ定位置をつくる。まとめ買いのシャンプー類、洗剤などで、必要なスペースを奪われないよう注意しよう。

point
**家族のケア用品はそれぞれの定位置に**

Part 4

お部屋別
テクニック

# 寝室

寝室は、疲れた体をゆっくり休め、
気力と体力を充実させるための場所です。
モノがぎっしりの状態では、
ホコリがたまって不衛生なうえ、
運気に悪影響を及ぼすことも!
ゆったりしたスペースづかいで、
リラックスできる部屋をめざしましょう。

キレイな部屋で過ごす毎日
ちゃんと片づけててエライわねー
そんなことないよー
えへへ
急にお客様が来ても慌てなくてすむし――
探しものをする時間が激減!
すぐ見つかるもんね
床にモノがないから掃除しやすいし――
スイスイスイーッと
何より帰宅したときの気分が最高
ただいまー!
うん、今日もキレイ♥
後は――
あ、昼寝してる…
スヤスヤ
寝室か……

クローゼットはモノがぎゅうぎゅうに詰め込んであるけど……
きゃあ
ぎぎぎぎ
タイヘン!
あああ
ここさえ開けなければけっこうキレイなんだよね
バターン
フー、
あぶないあぶない……
つまり——
残るはクローゼットだけってことだ!
ぎゅぎゅっ
ラストスパート
ヤルゾー
中のモノを1ブロックずつ出す
ズルズルズル
よいしょ
オールインワンは"パンツ"なの?
"トップス"なの?
アイテム別にわけて紙袋へ
さらに「いる」「いらない」でわける
昔、体育祭で作ったやつだ
ふぁいと
紅組
なつかしー

いるものは紙袋に戻して
パンツ
Tシャツ
スカート
アイテムごとにわけて
さようなら
思い出たち
ピョン太
紅組
後は処分！
ワンピースとかシャツとかはここに
アイテム別にハンガーにかけたり…
ひき出しに収納！
Tシャツとか
カットソーはこっち
すると——
完璧！
キレイで使い勝手のよいクローゼットのできあがり
見よ!!
あっ、そうだ！小松先生に「片づけ完了メール」を送っちゃおっと
カシャッ
各部屋の写真を撮ってっと

その日の夜——
あっ 先生から 返信だー♪
どれどれ
よくここまで
がんばりましたね！！
リビングもキッチンも、
非常にキレイです。
わぁい ほめられた
でも、
1ヵ所だけ
改善点が
ありますね。
む…？
寝室は、
体を休めるための
部屋。
モノを置く部屋では
ありません。
むむむ…
収納棚にある雑貨や
CD、趣味アイテムを
片づけましょう！
P.S.
飾るものは、少ないほうが
素敵に見えますよ。
ガガーン
収納棚か——
かわいく飾ってあるから
OKだと
思ったのにな……
もうひと息だね
ファイト!!

クローゼット
&
押し入れ

## step 1 「出す」(2分)

# 洋服、小物を 1スペースずつ出す

### 寝室の散らかり、いちばんの原因は洋服！

寝室が散らかっている場合、原因のほとんどは洋服にあります。クローゼットや押し入れに洋服が入りきらなかったり、脱いだものをそのまま散らかしてしまうことが原因です。

まずはクローゼットやタンスからあふれている服から、手をつけましょう。はみ出し分を減量し、しまい直してから、中の収納に着手します。

収納された服を出すときは、クローゼットの一画分、ひき出し1つ分など、細分化してとり出します。

家族の洋服は、勝手に整理するとケンカの原因になります。手順やコツを説明しながら、本人といっしょに作業しましょう。

### ● キレイにたたまれた服もすべて出す

ひき出しにしまってある服も、ハンガーにかかった服も、整理するためにいったん全部出す。

step 2 「わける」（7分）

# アイテム別に、紙袋に放り込む

## いる／いらないの判断は後でおこなう

文房具や書類と違って高価な分、洋服の要・不要の判断には迷いが出ます。出したものを一点ずつ手にとり、いるかいらないか考えていると、なかなか作業が進みません。

まずはアイテム別に、大きな紙袋に分類していきましょう。

洋服の量にもよりますが、最低5つくらいのカテゴリーにわければOK。効率よく作業するための分類なので、「七分袖は長袖の袋？　半袖の袋？」など、こまかく考える必要はありません。

また、あきらかに着られない服が混ざっている場合は、この時点でゴミ袋に入れてしまいます。

### ● 大まかなカテゴリーでわけてOK

大きな紙袋を多めに用意し、大まかなカテゴリー別に袋に入れていく。分類の正確さより、スピード重視で。

## step 3 「減らす」(4分)

# 今すぐ着られる服だけ残し、後は処分

### コーディネートを決めるとムダな服が減らせる

カテゴリー別の袋を1つずつ開け、どれを減らすか決めていきます。

このときの判断基準は、「着るかどうか」です。「着られるかどうか」で判断すると、ほとんどの服を残すことになってしまうからです。

「部屋着としてなら着られる」という判断も×。部屋着は、数枚あれば十分です。人前で着るのをためらうような服は、処分対象にしましょう。

また、鏡の前で実際に着て、組み合わせを考えることも大切です。どれにも合わないような服、デザインが古くコーディネートが決まらない服は、残していても結局出番がありません。潔く処分してください。

### ● 10のコーディネートをつくってみる

上下の組み合わせが、10パターンあれば十分。お気に入りコーディネートに入らない服は、処分を検討しよう。

1
2
3
4
5
6
7
8
9
10
実際に着てみるとすぐ決まる!
ウエストがきついな…

step 4　「戻す」(2分)

# アイテムごとに、クローゼットにしまう

## 新しい服が入るスペースを確保する

アイテムごとに減量したら、残すと決めた服を収納場所に戻します。

このときに大切なのが、空きスペースを確保しておくこと。空きがなく、ジャストで収納できるくらいなら、もう少し減量しましょう。

洋服類は、流行に合った新しいものを毎年買いたくなるので、今後も確実に増え続けます。たとえば1年に15着の服を買う人なら、15枚分の空きスペースがあると理想的です。

捨てるのは惜しいと感じるなら、人にゆずったり、売りに出すのもいいでしょう。発展途上国に衣類を送るNGO団体もあるので、寄付して役立ててもらうこともできます。

## ● どうしても減らせないときのCHECK LIST

迷ったときは、この6項目をチェック。1つでも該当する項目があれば、処分対象にしよう。

- □ 2シーズン以上着ていない
- □ 今は無理だけれど、やせたら着るつもり
- □ 今の流行には合っていない
- □ ほつれ、汚れ、シミなどがある
- □ 現在のライフスタイルでは、出番がほとんどない
- □ 家族以外の人の前では着られない

step up 「整頓する」

# ライフスタイルに合った収納にする

## 朝、服を選ぶときに時間のかからない方法で

洋服の整頓方法は、今困っていることを基準に考えましょう。

たとえば毎朝のコーディネートに時間がかかりすぎるなら、コーディネートを決め、1セットずつハンガーにかけて収納します。着たい服が探せずに困ることが多いなら、アイテム別収納にし、ラベルを貼ります。

どの場合も、衣がえがラクにできるように配置するのが基本。手前にはオンシーズンの服、奥にはオフシーズンの服を収納してください。これならひき出しやハンガーラックを前後させるだけで、衣がえできます。

衣がえの時期には必ず服の見直しをして、不要な分を処分しましょう。

### ● 通勤服／私服で上下にわけてもいい

よく使う服は、出しやすい上段に入れる。通勤服の使用頻度が高いなら、図のように上に通勤服、下に私服をしまうと便利。

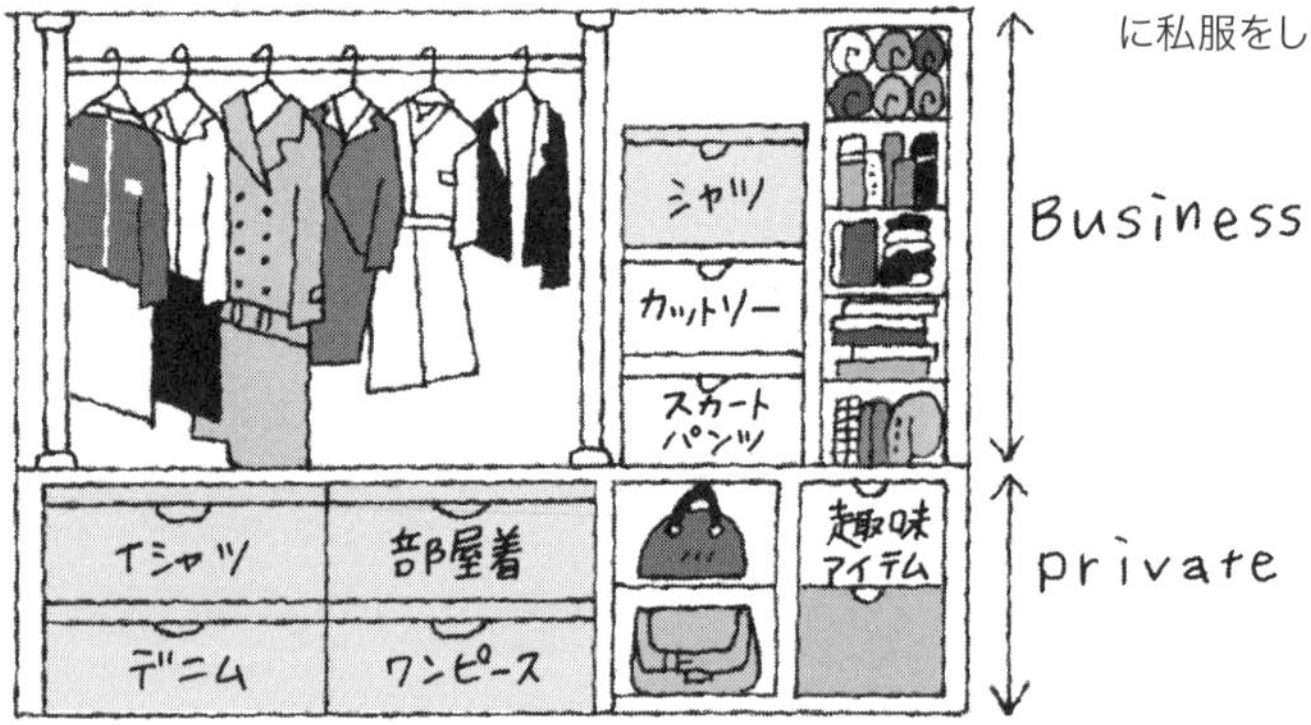

column

# 洋服以外の押し入れグッズ整理法

どの家庭でもよく見かける、押し入れ占有グッズたち。
この3つを整理するだけで、
スペースの有効活用につながります。

## 1 客用布団

めったに使わないわりに、スペースを多くとる客用布団。しまいっぱなしの布団は、湿気やニオイも気になるもの。使用頻度が低いなら思いきって処分し、来客時にはレンタルサービスを利用するのがおすすめ。1泊3000〜6000円くらいで、フカフカの布団が届く。

## 2 スーツケース

大きなスーツケースも、スペースをとりがちなアイテム。年に1度くらいしか海外旅行に行かないなら、処分してレンタルサービスを利用したほうが効率的。空いたスペースに、より使用頻度の高いものを収納しよう。

## 3 スポーツ用品

スキー用品、ゴルフ用品類も、場所をとるアイテム。処分してレンタル品の利用を検討するか、残しておくなら、天袋か下段奥に収納を。たまにしか使わないものなので、とり出しにくくてもあまり問題ない。

趣味＆思い出グッズ

step 1 「出す」(2分)

# 趣味のグッズは、減らしていかす

## 数が多すぎると、モノの魅力は半減する

趣味や思い出グッズの類は、年齢とともに際限なく増えていきます。

女性の場合は、お気に入りの小物などを、寝室に飾っている人も多いでしょう。そのほかに、箱に入った写真や手紙、過去の趣味用品も、寝室に押し込まれがちなアイテムです。

でも寝室は、あくまでも寝るための場所。ベッドの下や収納棚にモノを多く置いていると、ホコリがたまり、健康を害する原因になります。風水学的にも、寝室の風通しがわるいと運気が逃げるといわれています。

寝室の状況を、一度全面的に見直しましょう。まずは1スペース分のモノを、一度全部出して並べます。

### ● ディスプレイも片づけの対象に

棚などに飾っている小物類も、一度整理を。ぎっしり並んでいると美しく見えないので、数を減らすことを前提に。

step 2 「わける」(6分)

# アイテムでわけ、個数を確認する

## 好きなジャンルほど似たものが集まりがち

趣味用品の場合、自分で思っていた以上に、似たものをたくさん持っていることが多いようです。

アイテムごとに分類し、個数をざっと数えてみると、モノの持ちすぎが自覚できますし、どのくらい減らすべきかも考えられます。数値目標をざっと決め、後は思い入れのつよさを基準に分類していきましょう。

「ぜったいに手放したくない」「使ってないけど、高かったからもったいない」「そこまで思い入れはない」など、大まかな分類でかまいません。

特定のジャンルに限らず、とにかくモノが多い場合は、はじめから思い入れのつよさで分類していきます。

### ● 数の多さにびっくり! 趣味グッズの例

1年かかっても縫いきれないような、大量の布など。1ヵ所にまとめてみると、「想像以上に多かった」という場合がほとんどだ。

ポストカード ×150枚

アロマグッズ ×20個

手芸用の布 ×110枚

step 3 「減らす」(5分)

# 厳選アイテム以外は処分する

## 趣味が同じ人にゆずるのもおすすめ

思い入れのつよさでわけたら、後は処分あるのみ！ 勇気を持って、今の状況に片をつけましょう。

とはいえ、捨てるばかりが処分ではありません。自宅の外に出すことができれば、方法は何でもいいのです。とくに趣味用品は、同じ趣味の人にゆずると喜ばれます。

コレクターグッズ類も同様。「せっかくがんばって集めたのに……」と思うかもしれませんが、過去のモノや気持ちに執着していると、未来の楽しみの妨げになることも。

「これを置くためなら、部屋が汚くなってもいい」と思えるくらい、思いのつよいものだけを残しましょう。

### ● お気に入りを手放す3つのコツ

どうしても手放しにくいアイテム類は、以下の方法で処分を検討してみよう。

**1 写真に収める**

コレクターズアイテムや、旅の思い出グッズなどにおすすめの方法。デジカメで撮影し、現物は処分。画像を保存するか、余裕があればコレクションアルバムにすると、後でふり返って楽しめる。

**2 ベストチョイスを残す**

いちばんお気に入りのものだけを残し、似たアイテムは処分する。本当に気に入ったものだけに囲まれて暮らせるうえ、「似たようなものを何個も買うのはやめよう」と決意しやすくなる。

**3 まず1つだけ処分**

どれも手放せずに行き詰まったら、比較的抵抗の少ないものを1個だけ捨ててみる。1つ捨ててしまうと、心理的なハードルが下がり、ほかのものも処分しやすくなる。

## step 4 「戻す」(2分)

# 厳選アイテムだけ戻し、残りはBOXへ

### 棚に飾るもの以外は思い出BOXにしまう

　手元に残すと決めたものは、思い出BOXにしまって、押し入れなどに収納します。

　段ボールやお菓子の箱などではなく、ちょっと素敵な箱を用意したほうが、大切に保存できます。

　とくにお気に入りで、ディスプレイしておきたいものは、自室かリビングに棚を移して飾りましょう。快適な環境で眠るため、寝室に戻すのは避けます。

　ディスプレイするときは、できるだけ数を絞るのがコツ。空間にゆとりを持たせたほうが美しく見えますし、まめに拭き掃除をして、キレイな状態を維持できます。

### ● 少数精鋭でディスプレイする

ごくわずかな1軍アイテムだけを飾る。季節ごとに2軍アイテムと入れ替えてもいい。

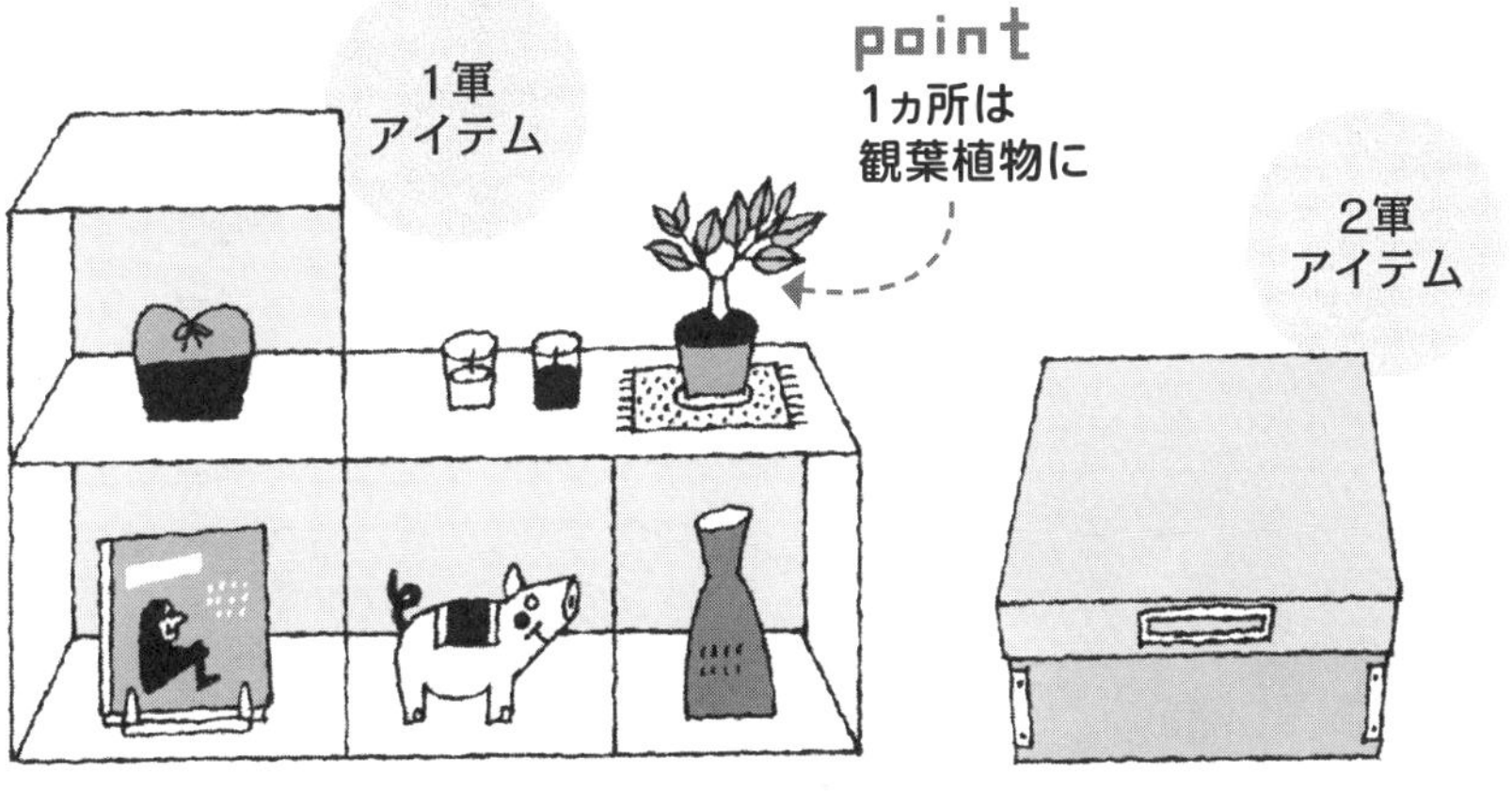

step up 「整頓する」

# ブームが去ったら、すぐ片づける

## 同じモノ、ジャンルに二度夢中にはなりにくい

とっておくと決めたBOXも、いつまでも放っておくと、箱の数が増える一方です。「2年たっても箱をさわらなければ処分」など、見直す期限を決めましょう。

気になるジャンル、趣味は、年とともに変わっていきます。「またいつか使うかも」と思っていても、同じジャンルに再び夢中になる可能性は、かなり低いものです。

過去のモノは定期的に処分し、未来の自分のために、十分なスペースを空けておきましょう。

ハンドメイドグッズなど、作った作品が捨てられないときは、写真に残して保存するといいでしょう。

### ● 時期が変われば趣味・価値観も変わる

自分の中でのブームは、どんどん変遷していくもの。そのつど片づけることで、新たな趣味のためのスペースが増やせる。

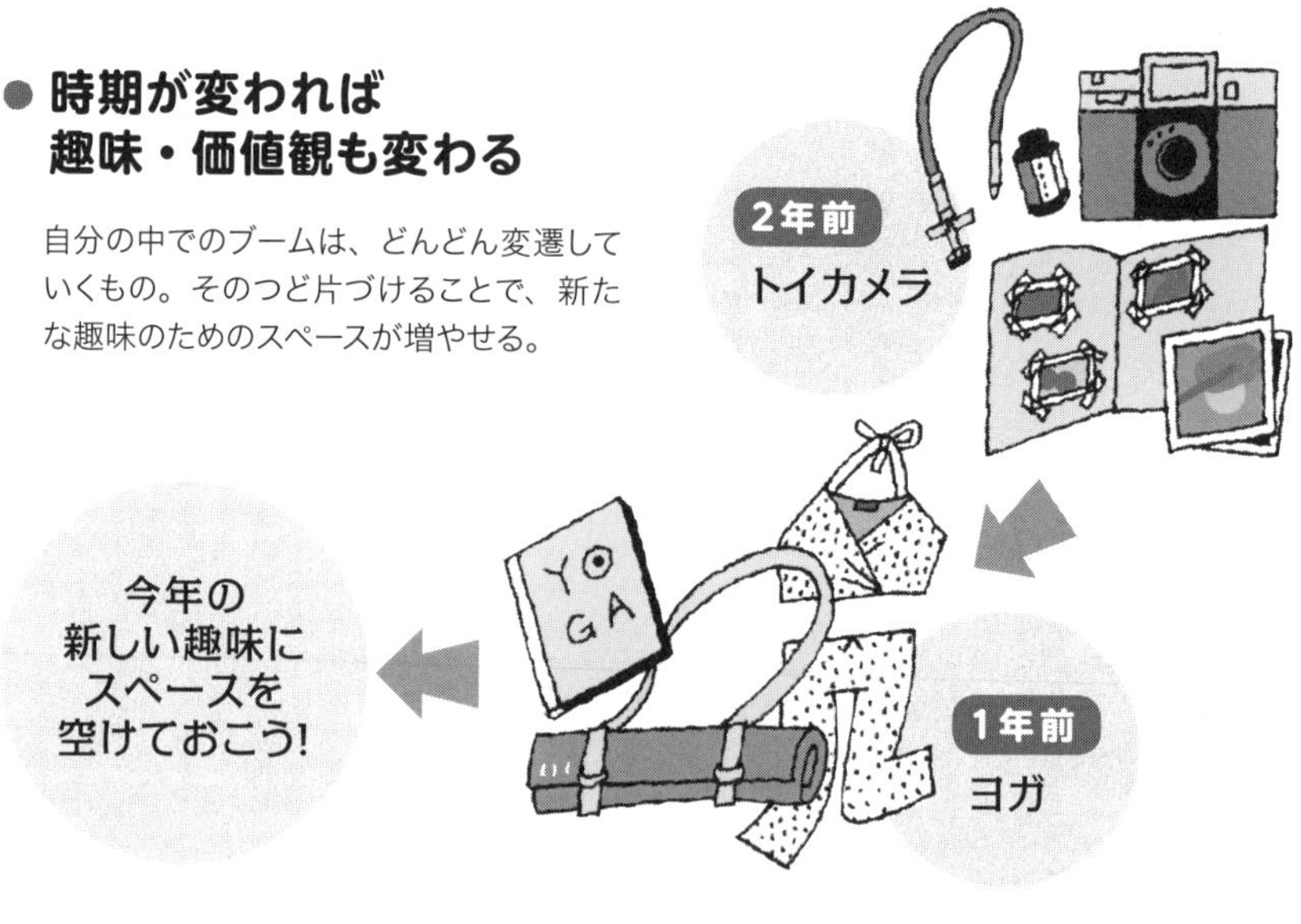

column

# その他の「捨てにくいアイテム」処分法

思い出の品はとくに、捨ててもいいものか迷いがち。
ストレスなく処分するには、こんな方法がおすすめです。

## 写真、手紙

### ➡写りのよいものを厳選

写真ならとくに写りのよいものだけを残し、目をつぶっているもの、ブレているものなどはすべて処分。手紙は1人の送り主につき1通と決め、とくに大切なものを選んで保存するといい。

## お土産、プレゼント

### ➡一定期間だけ保管する

「相手にわるくて捨てられない」と思っていると、永久にたまる一方。気に入ったもの以外は、期間つきで保管しよう。半年くらい持っていれば、贈り主が自宅に遊びに来ても、気まずい事態は避けられる。

## 子どもの成長記録

### ➡写真にして思い出を残す

小さいころに描いてくれた似顔絵や、学校で作った作品などは、現物は処分し、写真で残しておくといい。アルバムと同様にまとめておけば、大人になってからも楽しめる。

step 1 「出す」(2分)

# ナンバリングして1つずつ出す

## どんなふうに使いたいか、目的を見直そう

客室として使うつもりだったのに、なぜか物置化している部屋はありませんか？「すぐには使わないから」と、モノを仮置きしているうちに、物置化するパターンが多いようです。

これではいざお客様が来ても、とても通すことはできませんね。

こうした部屋を片づけるときは、目的を見直すことが大切。年に1回程度しかお客様が泊まりに来ないような場合は、客室以外の目的で使ったほうが、効率的かもしれません。

何に使う部屋にするかを、大きなゴールイメージとして描き、それから1箱、1スペースずつ、モノを出して片づけていきましょう。

### ● 1箱、1スペースずつ番号を貼る

物置化した部屋には、箱ものや、使っていない家具が多いのが特徴。確実に片づけるために、比較的ラクにできそうなものから順に、番号を貼って進めよう。

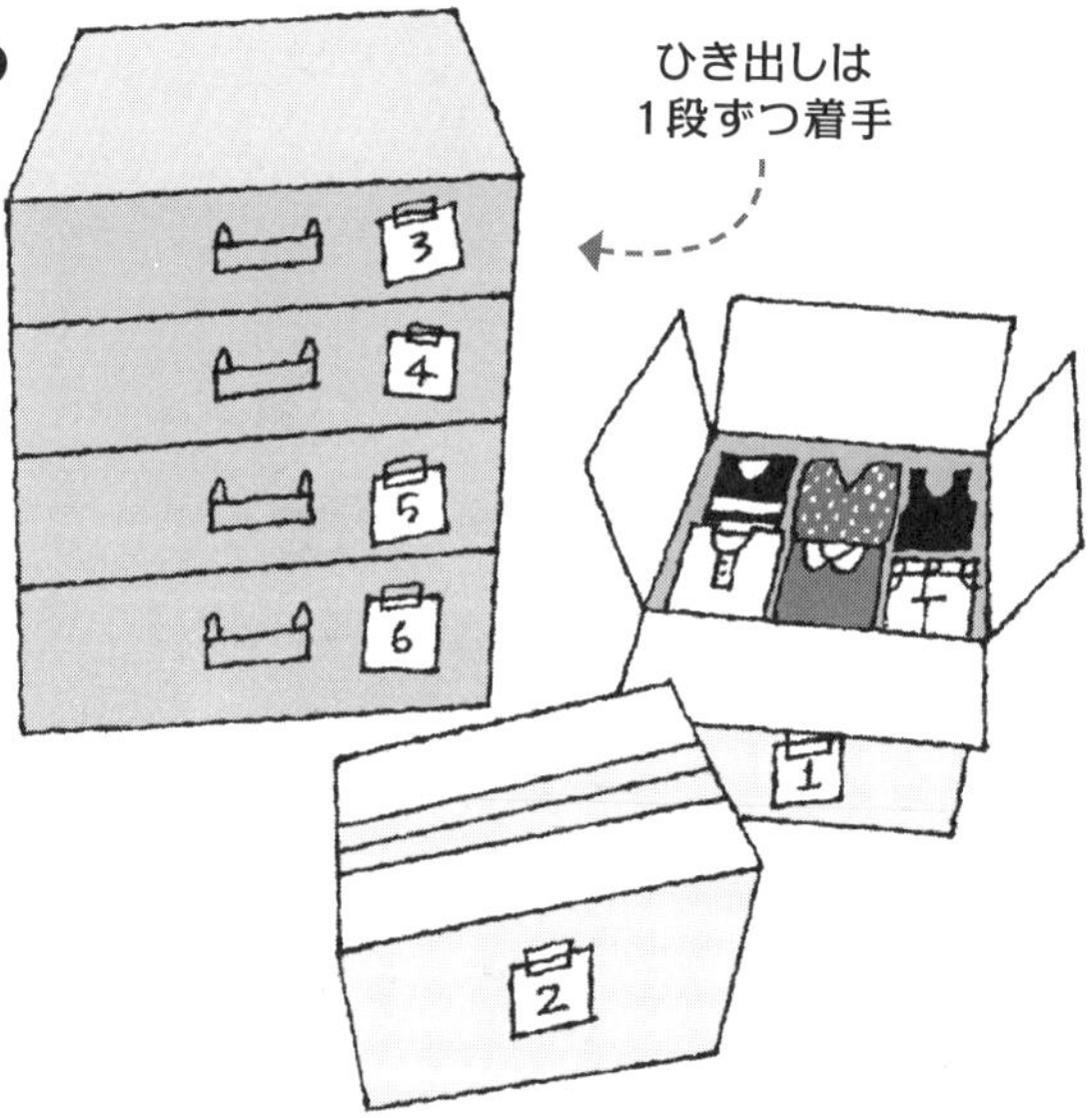

step 2.3 「わける」(6分)「減らす」(5分)

# 使う予定が明確なものだけ残す

## しまいっぱなしだったモノはなくても困らない

　モノをしまうときに、減量せずにしまい続けると、「しまう→押し込む→隠す→忘れる」という負のスパイラルに陥ります。私はこれを「〝しまう〟の3段活用」と呼んでいますが、しまったモノがどんどん奥に押し込まれ、ついには存在すら忘れられてしまう悪循環です。

　物置化した部屋は、まさにこんな状況ではないでしょうか？

　この状況を前向きにとらえて、モノを潔く処分していきましょう。

　存在すら忘れていたものや、なくても生活できていたものばかりなのですから、捨てて後悔することはまずないはずです。

### ● ぜったいに使うもの以外は処分する

使う予定がはっきりしないものは、処分が基本。「いつかやろう」と思っていた趣味グッズなどは、始める日を決めて残し、その日に始めなければ処分。

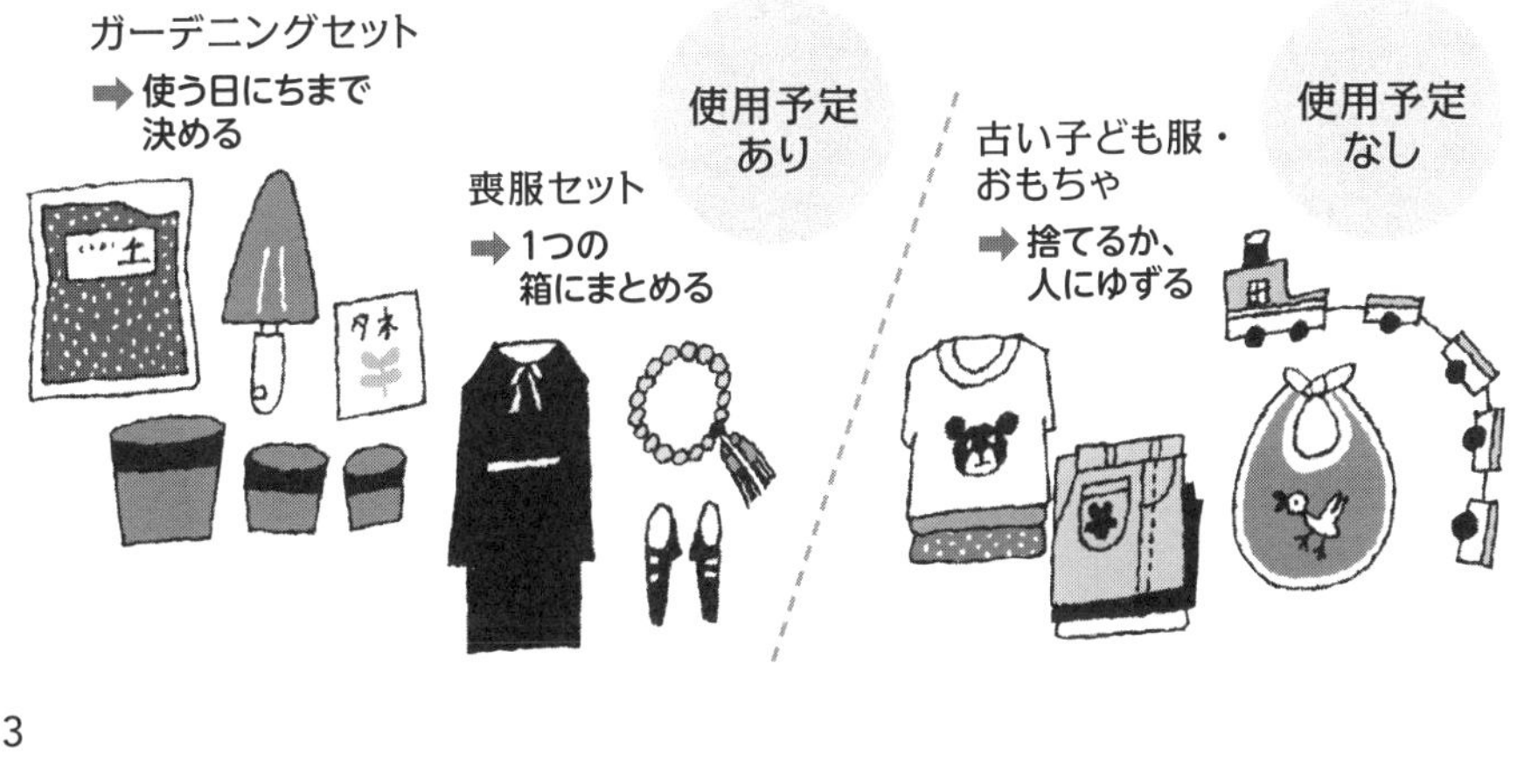

## step4 「戻す」(2分)

# 収納スペースに合った量をしまう

### モノを押し込む悪循環を防ぐには

1箱、1スペースずつ減量したら、後は押し入れなどにモノをしまいます。この段階で、段ボールなどが壁際に積まれているようなら、もっと減らす必要があります。押し入れの外には何も出ていない状況が、片づけ後の基本の状態です。

また、前の家で使っていて、今は使っていない家具など、大ものが残ってしまう場合もありますね。

住む家の間取りが変わると、家具の配置にも変化が生じます。無理に使おうとすると、生活動線の妨げになり、ストレスを感じることも。快適に使えそうもないなら、「捨て日」を決めて思いきって処分しましょう。

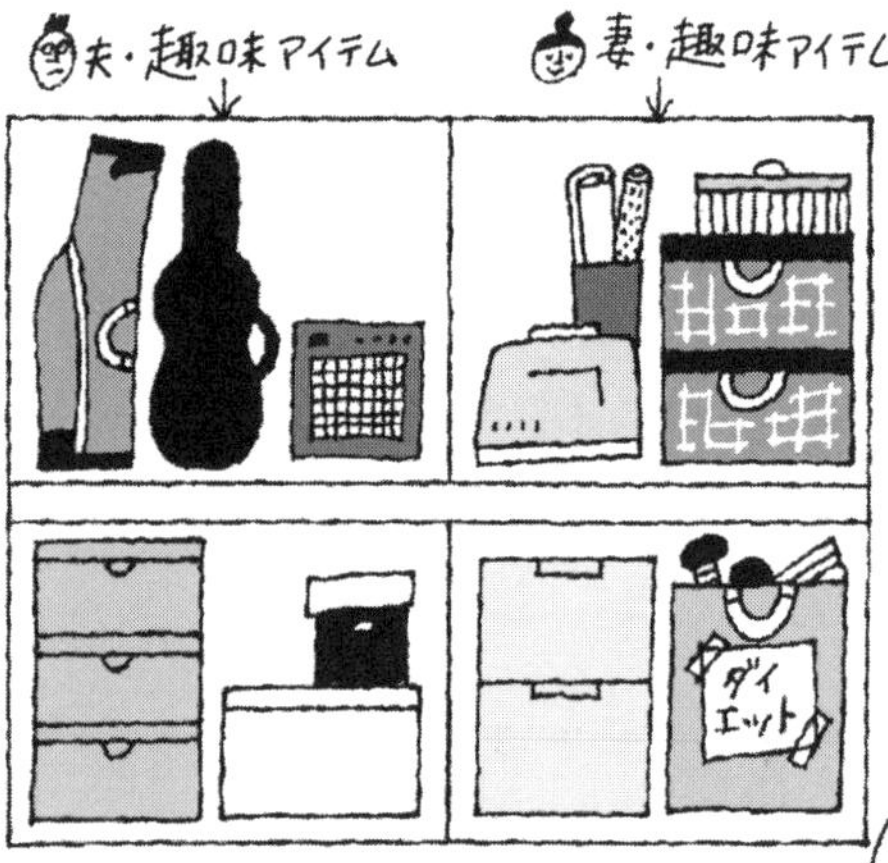


**● 押し入れに入らない分は処分を**

残したものを押し入れに入れてみて、入りきらなければ、もう一度モノの処分を検討。収納棚を増やすのは避けて。

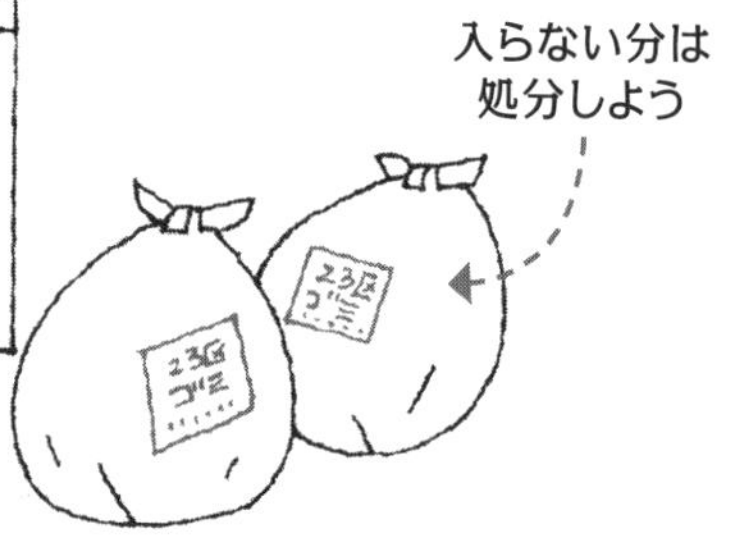

step up 「整頓する」

# 置いていいのは机&棚1つだけ

## 客室としていつでも使える状況をキープ

客室として利用するなら、ベッド以外は極力モノを置かないようにします。くつろいで寝られる部屋にするためです。誰がいつ来ても困らないように、モノを仮置きしないルールを決め、継続させましょう。

お客様が少なく、別の目的で使う場合は、目的に合わせて模様替えします。夫婦共有の趣味の部屋にしてもいいですし、子どもの勉強部屋にするのも手。

ただしどんな目的で使う場合も、家具類を置きすぎると、再び物置化する危険があります。最低限必要な机、棚などを入れ、それ以外のスペースには余裕を持たせましょう。

### ● お客様がくつろげるよう、モノは少なく

本棚や収納棚がいくつもあると、ホコリっぽくなりやすく、くつろげない。できるだけモノを置かないようにしよう。

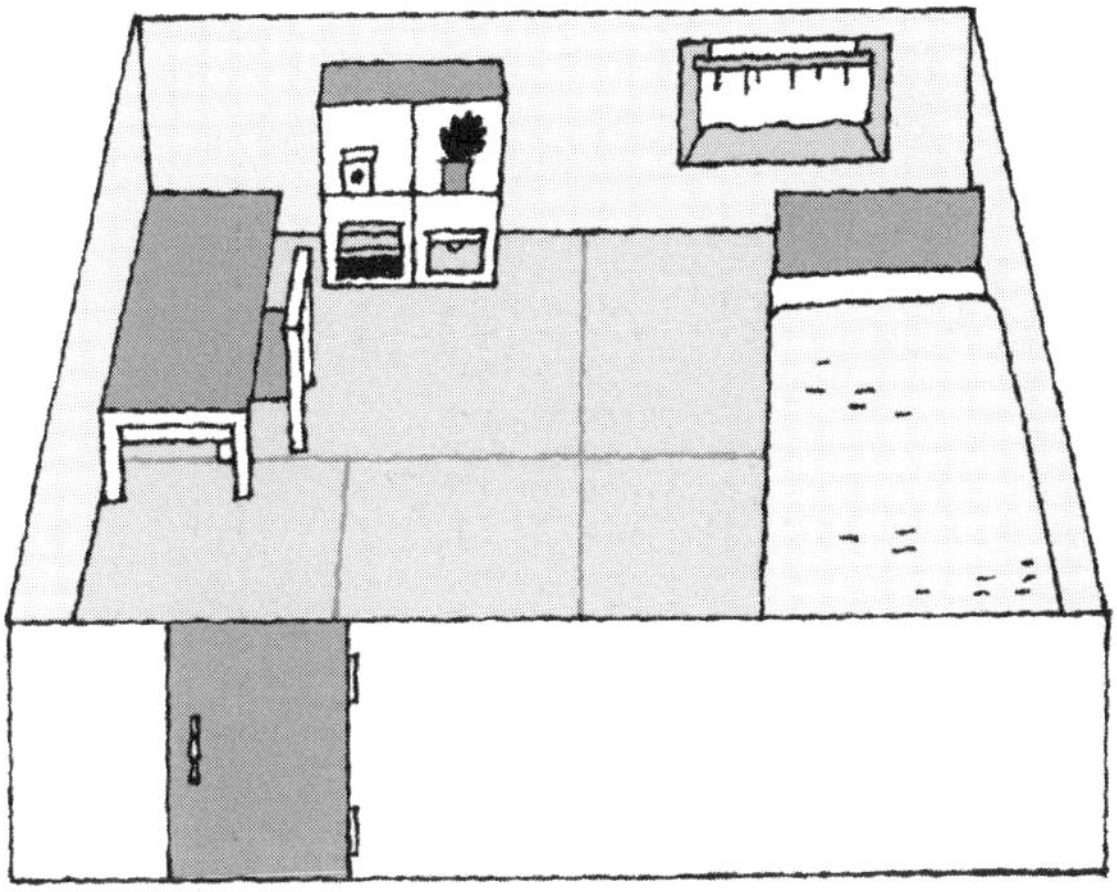

column

# 子ども部屋の片づけ&収納テク

「いくら片づけても、子どもがすぐに散らかしてしまう」と
悩んでいる人も多いのでは?
小学生になったら、子どもにもわかりやすい方法を工夫し、
自分で片づける習慣がつくようにしましょう。

## 1

モノが多すぎると、混乱のもと!

### 適量のモノだけ与える

両親が買い与えるもの以外に、祖父母に買ってもらったもの、友人・知人からの贈りものなど、子どものおもちゃは毎年増える一方。でも、モノの数が多ければ多いほど、自分では管理がむずかしくなる。量の上限を決め、それを超えたら処分するなどの対策が必要。過去に使っていたおもちゃは、子どものいる友人にゆずるといい。

## 2

仕切りすぎると覚えられない

### シンプルに定位置を決める

モノの定位置を決めるのは、片づけ習慣の基本。ただしこまかく区切りすぎると、どこに何を置けばよいか、わからなくなってしまいがち。棚の1スペース、または箱1つにつき、しまうモノを1つにするとシンプル。よく見える位置にラベルを貼り、わかりやすい収納をこころがけよう。

## 3

### 行動のリセットを習慣に!

## ゲーム、おもちゃはそのつどしまう

モノの定位置を決めたら、「出したらしまう」ことを根気よく教えよう。とくにゲーム類は「どうせ明日も遊ぶから」と置きっぱなしにしがちだが、これはNG。仕事と同じで、道具が出しっぱなしだと、新たな気持ちで翌日を迎えられない。いったん片づけてリフレッシュする習慣をつけさせよう。机の上の勉強道具も、同様に毎日片づけさせて。

## 4

### 勝手にモノを捨ててはダメ

## 納得させてから処分する

ずっと使っていないものであっても、親が勝手に処分するのは避けるべき。ただし「これはいる?　いらない?」と聞くだけでは、なかなかモノが減らせない。そんなときは、祖父母の家に置く、押し入れにしまうなどして、一度距離をおく方法がおすすめ。しばらく後で聞くと、「ずっと遊んでなかったから、いらない」と理解させやすくなる。

**著 者 略 歴**

## 小松　易（こまつ　やすし）

日本初のかたづけ士。

1969年生まれ。高崎経済大学在学中に交換留学で訪れたアイルランドで、「トランク1つで生活できる」ことに衝撃を受けて帰国。以来、モノと人との関係を模索し始める。

株式会社フジタ退社後の2005年9月には、銀座で「スッキリ・ラボ」を開業。片づけが苦手な人や、片づけがなかなか始められない人のために、個人カウンセリング＆コーチングをおこなう。コンサルティングをしたクライアントの数は延べ2000人以上で、企業向けのコンサルティング、セミナーも多数。

現在は本や雑誌、テレビなどで幅広く活躍中。著書・監修書に『たった1分で人生が変わる　片づけの習慣』（中経出版）、『どうしても片づけられない!!　あなたのためのお片づけ成功読本』（大和書房）などがある。

**参 考 文 献**

・『これでスッキリ！　そうじかたづけ練習帳』
小松 易著、秀和システム
・『たった1分で人生が変わる　片づけの習慣』
小松 易著、中経出版
・『どうしても片づけられない!!
あなたのためのお片づけ成功読本』
腹肉ツヤ子著・小松 易監修、大和書房

ブックデザイン／八月朔日英子
カバー・本文イラスト／さいとうあずみ
校正／滄流社
DTP作成／開成堂印刷株式会社
編集協力／オフィス201（川西雅子）

1分から始める!
**魔法のかたづけ・収納術**
**どんな家でも本当にスッキリ**

---

2010年 4 月 1 日　第1版第1刷発行
2010年11月24日　第1版第7刷発行

著　者　小松　易
発行者　安藤　卓
発行所　株式会社PHP研究所
東京本部　〒102-8331　千代田区一番町21
生活文化出版部　☎03-3239-6227（編集）
普及一部　☎03-3239-6233（販売）
京都本部　〒601-8411　京都市南区西九条北ノ内町11
PHP INTERFACE　http://www.php.co.jp/

印刷所　株式会社精興社
製本所　株式会社大進堂

---


ISBN978-4-569-77741-2